W0299081

RICHTIG ZEICHNEN MIT FARBSTIFTEN

JOSE M. PARRAMON

EDITION
MICHAEL FISCHER

Titel der Originalausgabe: ,,Así se pinta con lápices de colores''.
Aus dem Französischen übertragen von Christa L. Cordes

---

2. Auflage 1986

Herstellung und Satz: Verlagsservice Henninger, Würzburg
Printed in Spain
ISBN 3-924433-10-0
Printed in Spain by
Sirven Grafic, S.A., Gran Vía, 754 -
08013-Barcelona - (Spain)

Register Book number: 785
Legal Deposit: B-26.418-85

Inhaltsverzeichnis

Beschreibung des Materials

Charakteristiken der Farbstifte
Verwendungsmöglichkeiten
Empfehlenswertes Papier

Farbstifte werden auf dieselbe Weise hergestellt wie normale Bleistifte mit einer Graphitmine. Sie bestehen aus Holz, das eine Mine umschließt. Bei den Farbstiften setzt sich die Mine im wesentlichen aus Farbpigmenten zusammen, die mit einem Spezialwachs verbunden sind. Die Feinheit und die Haltbarkeit des Wachses sowie die Widerstandsfähigkeit und Elastizität des Holzes sind Kriterien dafür, ob es sich um Stifte gehobener oder minderer Qualität handelt. Farbstifte höherer Qualität werden aus dem sehr weichen amerikanischen Zedernholz hergestellt, das sich einerseits ohne Schwierigkeiten anspitzen läßt, andererseits aber fest genug ist, um die empfindliche Farbmine zu halten und zu schützen. Die Qualität der jeweiligen Mine läßt sich unschwer nachprüfen: Eine Mine höherer Qualität malt leicht, intensiv und sauber. Sie ist hart und stabil. Eine Mine minderer Qualität bleibt dagegen hängen, malt nur schwach und bricht leicht.

Die meisten Bleistiftfabrikanten stellen ebenfalls Farbstifte her. Hier seien genannt: Caran d'Ache, Faber-Castell, Stabilo, Staedtler. Fast alle Hersteller bieten zwei Größen an: die kurzen Stifte von 9 cm Länge und die geläufigen Stifte von 17 cm Länge. Die ersten werden in Schachteln zu zwölf Stiften verkauft, die anderen in Schachteln zu zwölf, 24 und 48 und selbst zu 72 verschiedenen Farben. Die am meisten verwendete Schachtel enthält zwölf Farben und besteht normalerweise aus zwei blauen, zwei roten, zwei grünen, zwei Siena, einem gelben und einem violetten Stift. Hinzu kommen noch Weiß und Schwarz.

Das Malen mit Farbstiften bietet nur beschränkte künstlerische Möglichkeiten, da man gezwungen ist, wie beim Zeichnen mit Strichen zu arbeiten. Große Flächen lassen sich daher zwangsläufig nicht schnell abdecken. Daraus folgt, daß sich Farbstifte nicht für große Formate eignen. Sehr zu empfehlen sind sie dagegen für kleine Werke, denn mit ihnen erzielt man eine unbestritten bildhafte und sehr dekorative Wirkung.

Außerdem ist die Verwendung von Farbstiften eine ideale Technik zum Zeichnen von Köpfen und Porträts, deren Format die für eine Bleistiftarbeit empfohlene Größe (15 cm Höhe) nicht überschreitet. Schließlich eignen sich Farbstifte besonders, um ein Bild zu reproduzieren und zu verkleinern. Selbst in der Gebrauchsgrafik und der Werbung werden sie eingesetzt.

Das geeignetste Papier, auf dem sich also das beste Ergebnis erzielen läßt, ist Cansonpapier gehobener Qualität mit mittlerem Korn oder — besser ausgedrückt — einem ausreichenden Korn, das die Qualität von Sandpapier erreicht und auf dem das Wachs und die Farbe gut haften. Sie können auch auf farbigem Papier in Creme, Gelb, Ocker oder Rosa etc. arbeiten und für den Schimmer des Gesichtes und die Reflexe auf der Kleidung den weißen Stift benutzen. Mit derselben Technik setzt man die weiße Pastellkreide ein. Nur in diesem einen Fall ist die Verwendung des weißen Stiftes angezeigt. Er eignet sich dagegen nicht für Mischungen mit anderen Farben, da er sie nur matter erscheinen lassen würde.

Technik und Anwendung

Farbstifte werden genauso angespitzt wie gewöhnliche Bleistifte, also entweder mit feiner Spitze oder abgeschrägt. Auch die Maltechnik ist genau dieselbe. Außerdem hält man Farbstifte nicht anders als einen Bleistift.

In der Praxis muß man darauf achten, daß der Farbstift immer gut angespitzt ist, damit das Holz nicht über die Papierfläche kratzt.

Die Anwendungstechnik des Malens mit Farbstiften ist im wesentlichen durch den Hauptbestandteil der Mine, also durch das Wachs und sein Erscheinungsbild auf dem körnigen Papier vorgegeben. Beachten Sie folgendes: *Wachs ist weich, und das Korn des Papiers ist hart.* Drückt man die Mine auf, setzt sich die Farbe in den winzigen Zwischenräumen des Korns ab. Lockert sich der Druck, bleiben winzige Flächen des Papiers unbemalt. Überlagert man eine Farbe mit einer anderen, werden die farblosen Stellen gefüllt, und wir erhalten — optisch gesehen — eine Mischung der beiden Farben. Wachs ist übrigens ein wenig transparent; dadurch entsteht bei der Überlagerung eine Art Farbfilm.

Drücken wir kräftig mit der Mine auf das Papier, gelingt es uns nicht nur, die winzigen Zwischenräume der Körner zu füllen, wir flachen darüber hinaus die Körner ab und glätten dadurch die rauhe Fläche. In diesem Fall dürfte es äußerst schwierig sein, eine zweite Farbe zu überlagern. Man kann höchstens eine wesentlich intensivere und dunklere Farbe auf die vorige legen (also zum Beispiel Karmin auf Gelb oder Blau oder Schwarz auf eine beliebige andere).

Dies führt uns zu drei praktischen Schlußfolgerungen:

1. Man arbeitet immer von Hell nach Dunkel.

Man kann keine helle Farbe auf eine dunkle auftragen. Deshalb muß man schrittweise vorgehen und die Farbe nach und nach verstärken; denn andersherum ist es praktisch unmöglich.

2. Das Korn des Papiers sollte soweit wie möglich erhalten bleiben.

Ist das Korn des Papiers durch den Druck der Mine und durch Überlagerung von mehreren Farbschichten flach geworden, läßt sich keine weitere Farbe mehr hinzufügen.

3. Der Radiergummi wird nur ganz wenig verwendet.

Radieren Sie auf einer stark gefärbten Fläche, deren Korn zwangsläufig beinahe verschwunden ist, entfernen Sie nicht nur einen Teil der Pigmente, Sie verderben auch das Papier. Der Radiergummi darf daher höchstens eingesetzt werden, um einen ohnehin hellen Ton an einer wenig bearbeiteten Stelle abzumildern. Natürlich lassen sich mit dem Radiergummi keine Spitzlichter oder Reflexe erzielen, wie es bei der Bleistift- oder Kohlezeichnung möglich ist.

Diese ersten Erklärungen sollten ausreichen, daß Sie zu Ihren Farbstiften und Ihrem Zeichenpapier vom Typ Canson greifen können und anhand der nun folgenden theoretischen Erklärungen zu malen beginnen. Ich möchte Ihnen anschließend eine Reihe von Übungen vorstellen und Ihnen gleichzeitig noch weitere Informationen über das Material, die Technik und die Praxis liefern. Das geschieht nicht nur mit Worten, sondern auch mit Beispielen; denn das ist immer noch die beste Methode, das Malen zu erlernen.

1

Erste Übung

Wie man nur mit den Stiften Hellblau, Karmin und Gelb eine Farbskala herstellt

Bei dieser Übung sollten Sie eine Farbskala wie die nachstehend abgebildete mit den Farbstiften Blau, Purpur und Gelb anlegen, also ausschließlich mit den drei Grundfarben. Mit Hilfe dieser Übung lernen Sie die Problematik von Mischungen kennen, und Sie begreifen die folgende Grundregel:

2

Alle Naturfarben einschließlich Schwarz lassen sich ausschließlich mit den drei Grundfarben Zyanblau, Purpur und Gelb herstellen.

In jeder Farbe eines Körpers ist immer ein gewisser Anteil Blau, Purpur und Gelb enthalten.

Beginnen wir unsere Übung:

Allgemeine Hinweise

1. Benutzen Sie zum Anlegen der nachfolgend abgebildeten Farbskala ein Blatt Papier vom Typ Canson.

2. Nehmen Sie Ihre Farbstiftschachtel. Ich vermute, es handelt sich um ein herkömmliches Modell mit zwölf Stiften, darunter zwei blaue und zwei rote. Benutzen Sie ausschließlich die folgenden Farben:

Hellblau (Zyanblau)

Purpur oder Karmin

Gelb

3

---

3. Verwenden Sie ein Schutzblatt. Halten Sie den Stift völlig normal. (Auf der gegenüberliegenden Seite sehen Sie genau, wie man sich dabei verhält.)

4. Bevor Sie die endgültigen Farben anlegen, machen Sie bitte zunächst einen Versuch auf einem gesonderten Zeichenblatt desselben Typs.

Die drei Abstufungen A, B und C entsprechen den drei Grundfarben Blau, Purpur und Gelb

---

5. Beginnen Sie Ihre Arbeit mit den drei Abstufungen oben links (Seite 10, A, B und C). Dazu setzen Sie den schräg angespitzten Farbstift auf der linken Seite auf, ziehen, ohne aufzudrücken, senkrechte Striche und gleiten langsam mit der Hand nach rechts. Verstärken Sie nach und nach den Druck, und legen Sie die Striche immer enger zusammen, damit Ihre Abstufung so gleichmäßig wird wie die auf den Abbildungen A, B und C.

Es kann sein, daß Sie den Ton nach Fertigstellung der Abstufung noch hier und da übermalen oder verstärken müssen, bis die Fläche absolut gleichförmig ist. Tun Sie es. Behalten Sie dabei jedoch immer die gesamte Abstufung und die allgemeine Harmonie im Auge.

Einige grundsätzliche Anmerkungen über die Technik und die Praxis

Zum besseren Verständnis dessen, was wir über die Technik und ihre Anwendung gesagt haben, hier noch einige grundsätzliche Anmerkungen, die es zu Beginn der eigentlichen Arbeit zu berücksichtigen gilt.

4 und 5: Wie sitzt man am günstigsten? Wie setzt man sich im Verhältnis zur Lichtquelle? Wie auf der Abbildung zu erkennen, malt oder zeichnet man am besten und bequemsten auf einem Zeichenbrett oder einem auf die Tischkante gestützten, leicht geneigten Zeichenkarton. Verwenden Sie natürliches oder Kunstlicht, das immer von links kommen sollte.

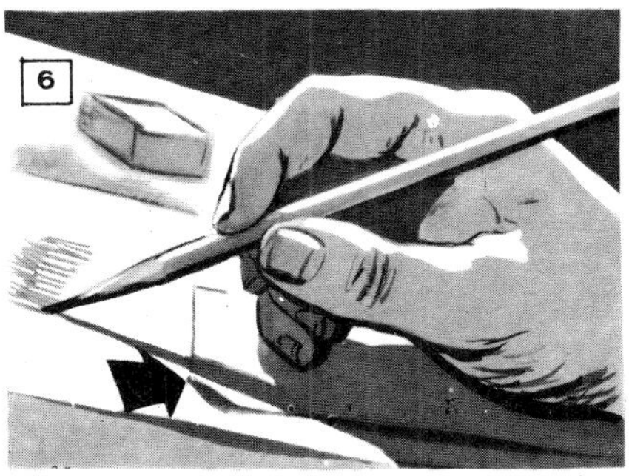

6. Wie hält man den Stift? Wie einen Bleistift, nur etwas höher, um beweglicher zu sein und die Linienführung geschmeidiger zu machen. Legen Sie ein Schutzblatt (siehe Pfeil) unter die Hand, um eine Verschmutzung des Zeichenpapiers zu verhindern.

7. Mit der abgeschrägten Mine, wie die Abbildung sie zeigt, erhalten wir breitere Striche. Dies ist bei einem weichen, kraftvollen und künstlerischen Stil fast immer erforderlich.

8. Wie legt man dünne Grauflächen und Abstufungen an? Der Stift wandert für die Graufläche (A) oder die Abstufung (B) ununterbrochen zickzackförmig auf und ab. Machen Sie zunächst einen Versuch auf einem Extrablatt. Versuchen Sie, die Abstufung in einem Zug anzulegen, also ohne innezuhalten. Berühren Sie das Papier kaum, oder gleiten Sie nur alle sechs oder sieben Striche mit der Hand weiter.

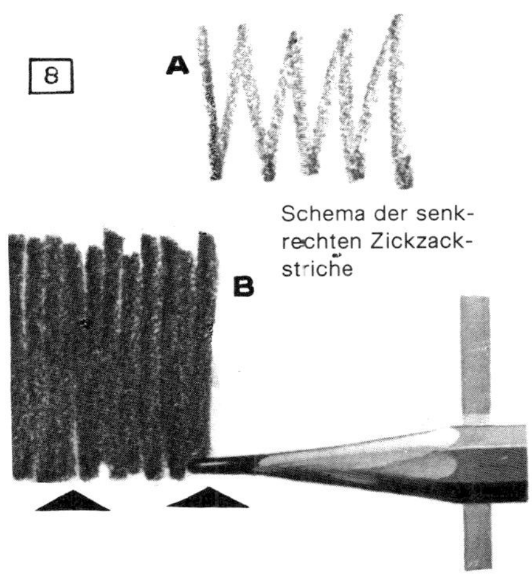

Schema der senkrechten Zickzackstriche

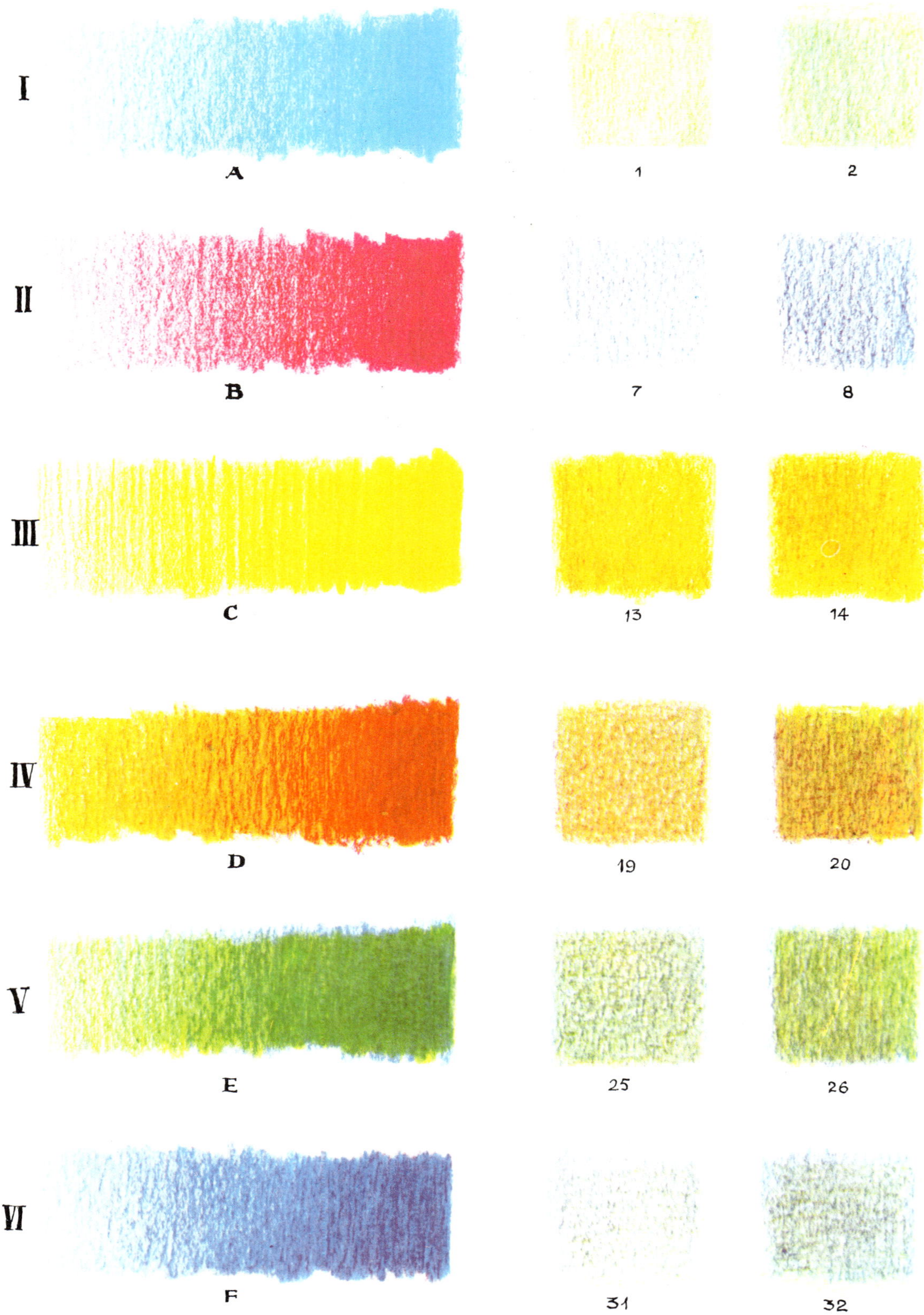
I
A
1
2
II
B
7
8
III
C
13
14
IV
D
19
20
V
E
25
26
VI
F
31
32

Abbildung 9: Hier die Modellvorlage mit den 36 verschiedenen Farben für die erste Übung. Sie müssen alle Farben ausschließlich mit den drei Stiften Blau, Karmin und Gelb erreichen.

10

Skala der Sekundärfarben
(Grün, Dunkelblauviolett und Rotorange)
aus einer Mischung von jeweils zwei Grundfarben

6. Malen Sie jetzt die drei Sekundärfarben Grün (Nr. 1 bis 6), Dunkelblauviolett (Nr. 7 bis 12) und Rotorange (Nr. 13 bis 18). Halten Sie sich dabei an die folgenden allgemeinen Hinweise:
a) Die Strichrichtung sollte nach Möglichkeit senkrecht sein, auch wenn ich dies nicht zur absoluten Regel erheben möchte. Manchmal ist es um der größeren Gleichförmigkeit willen wichtig, zunächst waagerecht und sogar diagonal zu zeichnen. Man kann ebenfalls zu einer spiralförmigen Linienführung greifen. Entscheidend ist, daß Sie gleichmäßige Farbflächen erhalten.
b) Versuchen Sie, von der ersten Farbschicht an einen absolut gleichförmigen Ton zu erzielen. Auf jeden Fall müssen Sie nach dieser ersten Schicht bereits retuschieren und ausgleichen. Es ist wichtig, daß der *Tonwert der Fläche* gleichmäßig und absolut gleichförmig ausfällt.
c) Versuchen Sie nicht, von Anfang an bereits die endgültige Farbstärke zu erreichen. Denken Sie immer daran, daß ein Schritt zurück von einem bestimmten Augenblick an schwierig wird. Bleiben Sie unterhalb des Tons, damit Sie anschließend die Möglichkeit haben, ihn bis zum gewünschten Wert zu verstärken.
d) Vergleichen Sie häufig die Stärken der Farben und die Farben als solche miteinander.

7. Malen Sie zunächst alle Vierecke einer Serie mit einer Farbe, und fügen Sie anschließend die weitere hinzu. Beginnen Sie zum Beispiel die Vierecke eins bis sechs mit dem blauen Stift, und versuchen Sie, eine perfekte Farbtonskala zu erreichen. Gehen Sie also stufenweise von der Farbe Nummer eins, einem sehr blassen Blau, zu dem etwas stärkeren Blau von Nummer zwei, dem noch stärkeren von Nummer drei etc. . . Beurteilen Sie anschließend Ihre Arbeit,

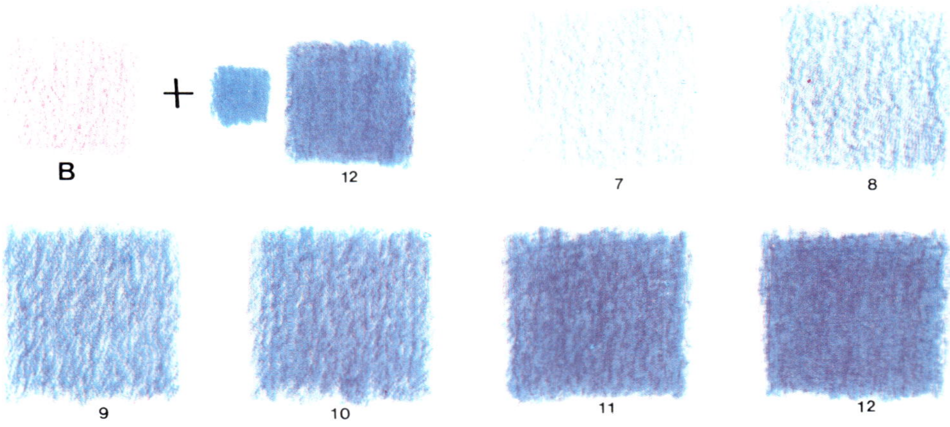

11

und stellen Sie fest, bei welchem Viereck Sie die Farbe noch verstärken müssen. Retuschieren Sie die Farbe gleichzeitig, und gleichen Sie sie aus. Haben Sie mit der ersten Farbe eine absolut gleichmäßige Fläche erhalten, fügen Sie die zweite Farbe hinzu (in unserem Fall Gelb). Halten Sie es mit der zweiten Farbe ebenso. Legen Sie zunächst eine erste Schicht auf alle Vierecke, und versuchen Sie, eine stufenweise Verstärkung der Töne zu erreichen. Arbeiten Sie anschließend mit beiden Farben gleichzeitig; wechseln Sie sie ständig ab und verstärken Sie sie, bis Sie in etwa die Nuance der Modellvorlage erhalten haben.

8. Beachten Sie darüber hinaus die folgenden Hinweise, die sich auf die Mischung der einzelnen Farben beziehen:

a) Grün (Farben 1 bis 6)
Man erhält Grün aus einer Mischung von Blau und Gelb. Begonnen wird mit dem blauen Farbstift. Sie dürfen auf Anhieb maximal ein mittleres Blau (Farbe Nr. 6) erhalten. Abbildung 9 zeigt Ihnen die Stärke des Blaus, die vor der Zugabe von Gelb für die Farbe Nummer sechs erforderlich ist.

Legen Sie anschließend das Gelb darüber. Halten Sie sich dabei an die im vorigen Absatz (Punkt 7) gegebenen Ratschläge.

b) Nachtblau (Farben 7 bis 12)
Man erhält Nachtblau aus einer Mischung von Purpur und Blau. Sie beginnen zunächst mit dem purpurfarbenen Stift (Dunkelrot oder Karmin.) Achtung: Dieser Stift färbt außerordentlich stark. Dies müssen Sie bei Ihrer Arbeit berücksichtigen! Beim Anlegen der ersten Schicht Karmin dürfen Sie für die Farbe Nummer zwölf allerhöchstens ein blasses Rosa erhalten. (Sie sehen das entsprechende Rosa oder Hellkarmin auf Abbildung 11, B).

Legen Sie nun das Blau auf das Karmin. Jetzt können Sie wesentlich großzügiger sein. Tragen Sie das Blau erheblich stärker auf. Bringen Sie anschließend die Retuschen an, indem Sie mit beiden Farben abwechselnd arbeiten.

12

c) Orange und Rot (Farben 13 bis 18)
Man erhält diese Farben, indem man Purpur und Gelb miteinander mischt. Beginnen Sie mit Purpur (dunkelroter Stift oder Karmin). Beim Anlegen der Farben 13 und 14 muß das Rosa sehr blaß sein. Für die Farben 15 und 16 benötigen Sie ein stärkeres Rosa, und für die Farben 17 und 18 ist ein kräftiges Karmin erforderlich (siehe Abbildung 12, C). Gehen Sie anschließend ziemlich energisch mit Gelb darüber, vor allem bei den Farben 16, 17 und 18. Für sie benötigen Sie das stärkste Gelb, damit sich beide Farben wirklich vermischen und zu einer neuen verschmelzen.

Vergessen Sie auch hier das Retuschieren, Ausgleichen und Verstärken nicht, bis die stufenweise Farbskala perfekt ist.

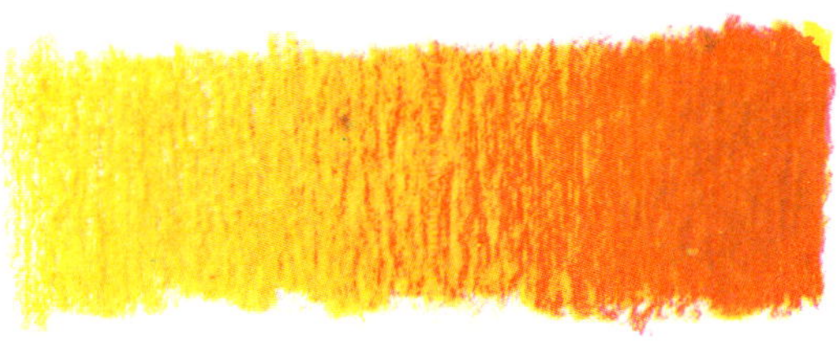

13 D

Abbildung 13: Abstufung der Farbe Rot aus einer Mischung von Gelb und Karmin in dieser Reihenfolge.

14 E

Abbildung 14: Abstufung der Farbe Grün aus einer Mischung von Gelb und Hellblau in dieser Reihenfolge.

15

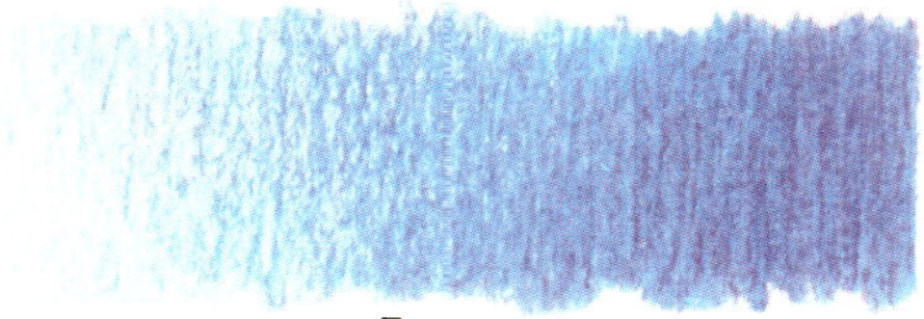

F

Abbildung 15: Abstufung der Farbe Nachtblau aus einer Mischung von Karmin und Hellblau in dieser Reihenfolge.

9. Stellen Sie die Abstufungen D, E und F her. Beachten Sie dabei die genannte Reihenfolge der Farben und die im vorigen Abschnitt acht gegebenen Hinweise. Vergessen Sie ferner nicht die in Abschnitt fünf erwähnten technischen Anweisungen, die sich auf die Anlage der ersten Abstufungen A, B und C beziehen.

Diverse Farbskalen (Dritt- und Viertfarben) — Nummern 19 bis 36 —, ausschließlich aus einer Mischung der drei Grundfarben

10. Zum Abschluß dieser Übung werden Sie jetzt eine Skala von Tönen in Ocker und Siena, Khaki und Dunkelgrün und Graublau herstellen (entsprechend den Farben 19 bis 24, 25 bis 30 und 31 bis 36). Sie benutzen dazu ausschließlich die Stifte, die den drei Grundfarben entsprechen.

11. Die Mischungen müssen unbedingt getrennt angelegt werden.

12. Halten Sie sich bei den drei Farben an diese Reihenfolge:

Benutzen Sie zunächst Blau.
Fügen Sie anschließend Karmin hinzu.
Beenden Sie die Arbeit mit Gelb.

13. Stellen Sie eine Farbe nach der anderen her. Tragen Sie jetzt jedoch jede Farbe einzeln auf. Mit anderen Worten:
a) Versuchen Sie zunächst, die Farbe Nummer 19 zu mischen, und tragen Sie dafür Blau, Purpur und Gelb in dieser Reihenfolge auf — allerdings ohne des Guten zuviel zu tun. Das heißt, Sie erzielen noch nicht auf Anhieb genau die endgültige Farbe der Modellvorlage. Stellen Sie jetzt fest, daß ein wenig Blau, Purpur oder Gelb fehlen, können Sie es hinzufügen, um die Farbe zu präzisieren, und geraten trotzdem nicht über die beabsichtigte Stärke hinaus. Halten Sie es genauso bei der Farbe Nummer 20. Fahren Sie fort mit der Nummer 21 etc., bis auch die Nummer 24 fertiggestellt ist.
b) Nachdem Sie die Ocker- und Sienatöne mit all jener Unschlüssigkeit, die das mit sich bringt, gemalt haben, bemühen Sie sich, die Skala zu präzisieren und die Nuance jedes Tons genau zu treffen. Kontrollieren Sie dabei die Abstufungen der Farben untereinander. Arbeiten Sie nun mit allen drei Stiften gleichzeitig, ohne eine bestimmte Reihenfolge einzuhalten.

14. Hier die Ausgangssituation für jede Farbskala:

Abbildung 16: Ocker und Siena

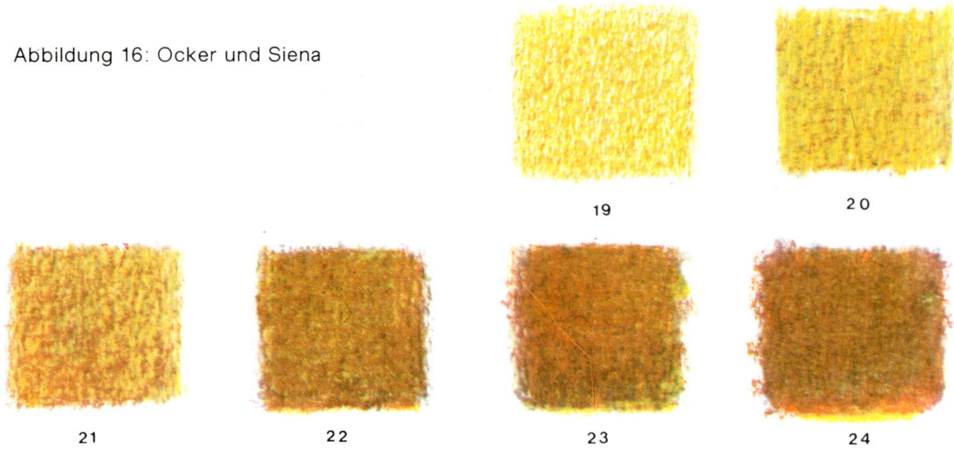

16

Ocker- und Sienatöne (Farben 19 bis 24)

Zunächst stellen Sie aus einer Mischung von Blau und Purpur (in dieser Reihenfolge) ein mittleres Violett mit Blau als Dominante her. Natürlich muß dieses blaustichige Violett für die Farbe Nummer 19 sehr hell ausfallen; für die Farbe Nummer 20 ist es schon etwas intensiver, und es verstärkt sich fortlaufend bis zur Nummer 24.

Fügen Sie anschließend schon ab Nummer 19 ein ziemlich kräftiges Gelb hinzu. Behalten Sie dabei jedoch immer die Skala und die Stärke jeder einzelnen Farbe im Auge. Abbildung A zeigt das Verfahren zur Herstellung der Farbe Nummer 21. Beachten Sie vor allem die etwa gleiche Stärke von Blau und Purpur. Betrachten Sie schließlich die Stärke des Violetts, das aus der Mischung der vorigen Farben erzielt wurde.

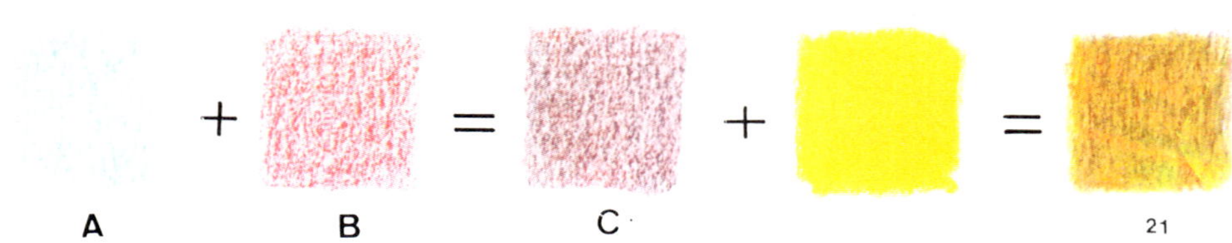

17

Abbildung 18: Khaki und Grünbraun

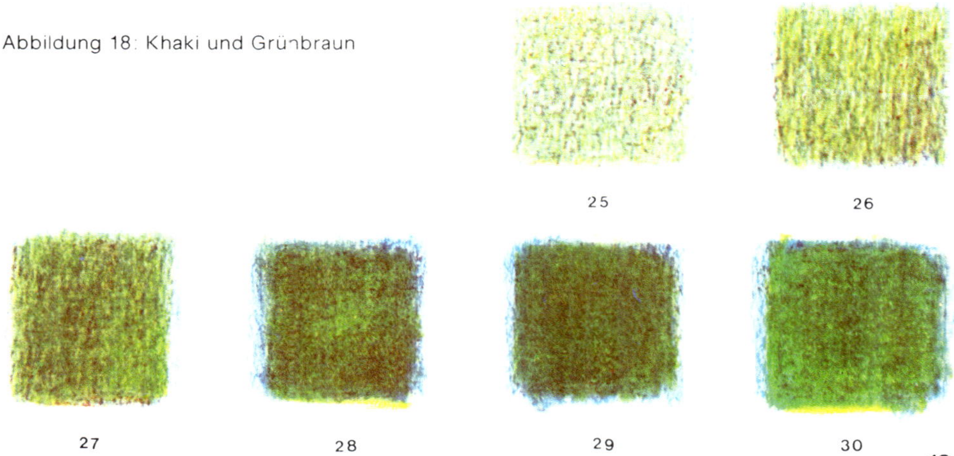

18

Khaki- und Grünbrauntöne (Farben 25 bis 30)

Ausgehend von einer Mischung aus Blau und Purpur, sollen Sie eine Farbskala herstellen ähnlich der Farbmuster 7 bis 12 (Seite 13).

Tragen Sie anschließend ein verhältnismäßig kräftiges Gelb auf, vor allem ab Nummer 27. Sehen Sie sich die Zusammensetzung der Farbe Nummer 27 auf Abbildung 19 genau an.

Beachten Sie, daß die Mischung aus Blau und Karmin (A, B) im Prinzip ein intensives Blauviolett (C) ergeben muß, das der Farbe Nummer 9 der Modellvorlage gleicht.

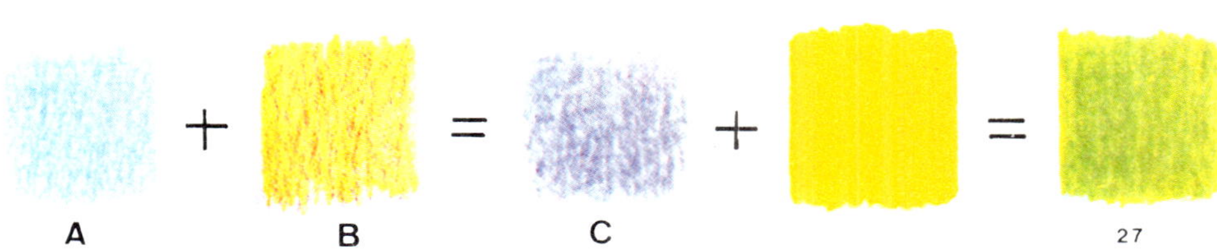

19

Abbildung 20: Graublau

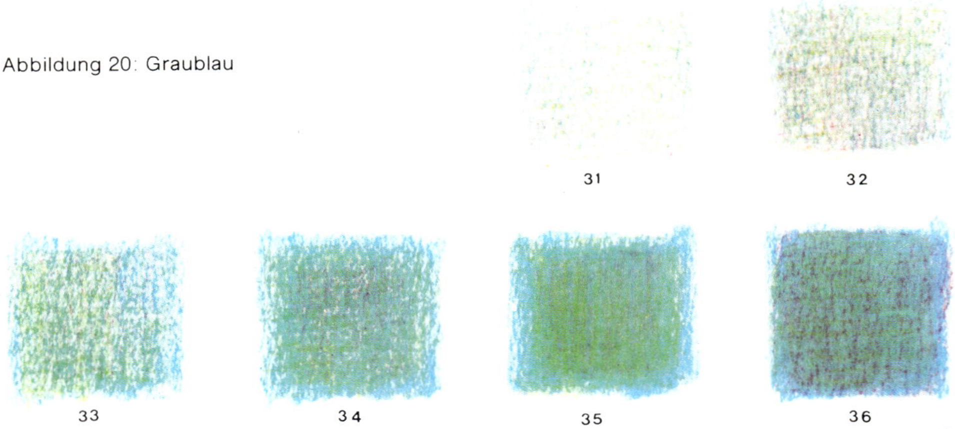

20

Graublautöne (Farben 31 bis 36)

Hier muß die Eingangsmischung ebenfalls ein Blau ähnlich den Farben 7 bis 11 der Modellvorlage ergeben. Diesen Mischungen fügen wir eine mittlere Menge Gelb, ohne zu stark aufzudrücken, hinzu. Abbildung 18: Die Eingangsmi-

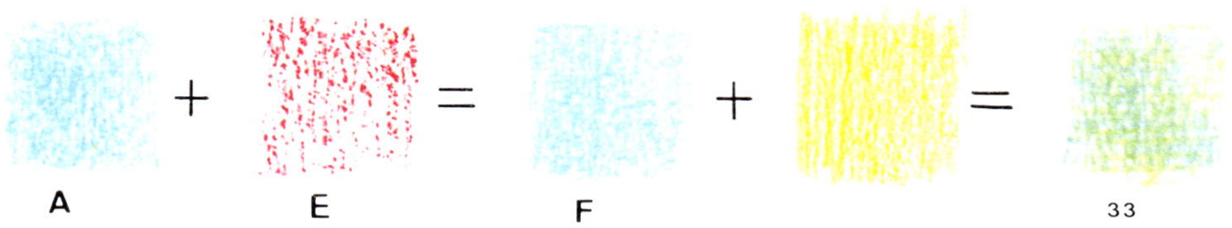

schung, aus der wir das entsprechende Blau erhalten, besteht aus denselben Farben wie bei dem vorigen Beispiel. Beachten Sie, daß sich der Unterschied aus der hinzugefügten Menge Gelb ergibt, die bei der Farbe Nummer 33 wesentlich geringer ist als bei der Nummer 27.

15. Ich möchte nochmals darauf hinweisen, daß man diese Übung ohne Versuche auf einem Extrablatt praktisch nicht ausführen kann. Welche Farbe in einer Mischung fehlt und wieviel man von ihr hinzufügen muß, um ganz genau den Ton der Vorlage zu erzielen, kann Ihnen niemand rein theoretisch beibringen. Dazu bedarf es der Praxis, des Sehvermögens und eines durch Erfahrung erworbenen Gespürs für die Mischungen.

(Möchten Sie für die Malerei im allgemeinen und die Ölmalerei im besonderen gründliche Kenntnisse auf dem Gebiet der Farbentheorie erwerben, empfehlen wir Ihnen das Studium des Werkes „Der Maler und seine Farben“, das ebenfalls in dieser Buchreihe erschienen ist.)

Ist Ihnen dieses Grundwissen in Fleisch und Blut übergegangen, können Sie mit einer Synthese aus allen Farben arbeiten. Ganz gleich, welches Problem sich Ihnen stellt, Sie wissen nun, daß die Lösung innerhalb von nur drei Alternativen zu finden ist: „Mehr Blau“, „Mehr Gelb“, „Mehr Purpur“. Das ist ganz einfach, wenn Sie wirklich den Wunsch haben, zu lernen, zu experimentieren und Ihre Kenntnisse zu erweitern.

21

Zweite Übung

Wie man eine Landschaft nur mit den drei Grundfarben und Schwarz malt

Hier nun die praktische Anwendung der Erkenntnisse aus der vorigen Übung. Bisher sollten Sie nur Farben zusammensetzen. Jetzt geschieht die Mischung aus den drei Grundfarben zu einem bestimmten Zweck: Sie wollen eine Landschaft malen, zum Beispiel einen Blick auf Sitges, das kleine, berühmte Fischerdorf in der Provinz Barcelona. Auf diese Weise erfahren Sie, daß es tatsächlich möglich ist, nur mit drei Farben zu malen. Sie lernen, die drei Grundfarben richtig einzusetzen; und das bedeutet, Sie lernen wirklich zu malen.

Sehen Sie sich das Landschaftsbild, das bereits angefertigt worden ist, auf den Seiten 30 und 31 an. Es ist hübsch, nicht wahr?

Folgendes müssen Sie tun, um es ebenfalls herzustellen:

Allgemeine Hinweise

16. Benutzen Sie ein Blatt Papier vom Typ Canson. Wir verwenden dieselben Farben wie für die vorige Übung. Da der hellblaue Stift jedoch nicht kräftig genug ist und seine Stärke sich nicht wirklich mit der Grundfarbe Blau vergleichen läßt, greifen wir in diesem Fall zu der dunkelblauen Farbe. Aus demselben Grund setzen wir zusätzlich den schwarzen Stift ein.

Sie benötigen also folgende Stifte für die Durchführung dieser Übung:

den hellblauen Stift
den nachtblauen Stift (entsprechend der Grundfarbe Zyanblau)
den roten Stift oder Karmin (er entspricht Purpur)
den gelben Stift und
den schwarzen Stift (der hier ausnahmsweise in den Mischungen der drei Grundfarben eingesetzt wird).

Beachten Sie, daß die Verwendung von Nachtblau nichts an der Tatsache ändert, daß wir nur mit drei Farben arbeiten. Hätten wir in unserer Farbstiftschachtel ein mittleres Blau — das also zwischen Hell- und Dunkelblau liegt —, würden wir mit einem einzigen Blau arbeiten und erhielten dasselbe Ergebnis. Schließlich sei noch erwähnt, daß man beim Malen mit Ölfarben mit den drei Grundfarben Zyanblau, Purpur und Gelb auf Schwarz verzichten kann, da sich dieses durch Mischung der drei Grundfarben in einem bestimmten Verhältnis ohne weiteres selber herstellen läßt.

17. Das Format Ihrer Zeichnung sollte dem der Abbildung 29 auf den Seiten 30 und 31 entsprechen.

Aufbau und Anlage

18. Auf Abbildung 22 gegenüber finden Sie eine genaue Kopie des Modells in verkleinertem Maßstab. Es handelt sich um eine lineare Zeichnung, in der ich die Formen aller Körper und Gegenstände, die sich in dem Bild befinden, weit ausgearbeitet wiedergegeben habe. Benutzen Sie diese Zeichnung während der Anlage und des Aufbaus als Vorlage.

19. Verwenden Sie für die Anlage und den Aufbau der Zeichnung den hellblauen Stift. Zeichnen Sie mit einem gutangespitzten Stift, damit der Aufbau mit Hilfe feiner Linien erfolgt. Drücken Sie beim Zeichnen nicht zu stark auf, damit Sie im Falle eines Irrtums radieren können. Achten Sie darauf, daß das Papier beim Zeichnen nicht beschädigt wird. Arbeiten Sie sauber, und radieren Sie so wenig wie möglich.

20. Es ist ratsam, den Aufbau der Zeichnung zunächst auf einem Extrablatt anzulegen, bevor man ihn endgültig fertigstellt. (Dies geschieht am besten durch Durchpausen. Dazu streicht man mit einem weichen Stift, ohne stark aufzudrücken, damit die Striche nur schwach erscheinen, über die Rückseite des Papiers und paust die Zeichnung dann mit größter Sorgfalt durch. Auf diese Weise erhält man eine ausreichende Grundlage, auf der sich die Zeichnung mit blauem Stift leicht wieder herstellen und weiter aufbauen läßt.)

21. Auf jeden Fall muß man sich um einen perfekten, sehr detaillierten Aufbau bemühen, damit man die Zeichnung anschließend kolorieren kann, ohne sich noch um die Berechnung der Maße und Proportionen kümmern zu müssen. Beachten Sie zum Beispiel auf Abbildung 22 die einzelnen Formen innerhalb des Kirchturms. Zeichnen Sie den Turm mit größter Präzision, und lösen Sie dabei sämtliche Aufbauprobleme. Ziehen Sie auch Abbildung 23 zu Rate. Sie zeigt das Endstadium des Bildes in dieser Vorphase.

22

23

Erstes Stadium: Allgemeine Wahl der Farbgebung

Benutzen Sie ausschließlich die Stifte Hellblau, Karmin und Gelb.

22. Hier die Reihenfolge, die ich in diesem Stadium und den folgenden eingehalten habe:

1. der Himmel
2. das Meer
3. die Kirche und die Häuser mit gelber Dominante
4. die weißen Häuser auf der linken Seite
5. der Strand, die Boote, die Sonnenschirme.

Es handelt sich um eine völlig logische Reihenfolge, wenn man so schnell wie möglich die weißen Flächen abdecken und sich rasch einen guten Überblick über die Farben und die Farbtonwerte verschaffen will. Man sollte diese Reihenfolge allerdings nicht zu einer absoluten Regel erheben. Ich selbst habe sie während meiner Arbeit mehrmals gewechselt, vor allem während der folgenden Phasen.

23. Malen Sie abwechselnd mit allen Stiften gleichzeitig. Machen Sie einen Versuch: Nehmen Sie alle Stifte in die linke Hand, wechseln Sie nacheinander jeden in die rechte Hand. Nehmen Sie also den blauen Stift und anschließend den gelben — oder umgekehrt, erst den gelben und dann den blauen — und schließlich den roten.

24. Betrachten Sie auf der nebenstehenden Abbildung 24 das Ergebnis nach Beendigung des ersten Stadiums der Kolorierung. Ich nenne Ihnen jetzt die Stellen, an denen die folgenden Farben auftauchen:
Blau: zunächst nur das Hellblau für den Himmel und das Meer.
Gelb: mit einer kleinen Menge Purpur und einer Spur Blau für die sonnenbeschienenen Stellen der Kirche und der benachbarten Häuser.
Alle drei Farben: mit der Dominante Blau für die beiden im Schatten liegenden Türme der Kirche und die Öffnungen des großen Turms.
Purpur: mit einer Spur Blau für die roten Dächer.
Blau: mit etwas Purpur und einer Spur Blau für den Strand etc.

25. Malen Sie den Himmel, den Strand und die Boote mit waagerechten Strichen. Eine andere Möglichkeit gibt es nicht. Legen Sie auch die Mauer, die sich von der Kirche bis zur Spitze oder zur Fontäne rechts hinzieht, überwiegend waagerecht an. Die restlichen Elemente — die Kirche, die Häuser etc. — habe ich fast immer senkrecht gezeichnet. Das ist allerdings nicht unbedingt erforderlich.

24

Beachten Sie, daß sich in diesen weißen Häusern keinerlei Gelb befindet. Hier dominiert Blau mit einer Spur Purpur.

Hier benötigen Sie vor allem Hellgelb und etwas Purpur und Blau.

Für den Himmel und das Meer benutzen Sie nur Hellblau.

In den Dächern befindet sich vor allem Purpur, jedoch mit einer Spur Blau und einem Hauch von Gelb.

In den Schattenzonen der alten Häuser und des Hafens befinden sich alle drei Grundfarben mit einer leichten Blaudominante. Sie nehmen also etwas mehr Blau als Purpur und Gelb.

Die Dominante ist Gelb. Es enthält aber auch Purpur und eine geringe Menge Blau.

Für dieses erste Stadium benötigen Sie ausschließlich:
Hellblau
Purpur (oder Karmin) und
Gelb.
Seien Sie unbesorgt, falls Sie noch kein absolutes Schwarz erzielt haben. Versuchen Sie dagegen, eine große Vielfalt und den höchstmöglichen Reichtum in der Farbgebung zu erreichen.

Zweites Stadium: Allgemeine Verstärkung der Farben zur Erreichung von Kontrasten und Volumen

Weiterhin mit den Farbstiften Hellblau, Karmin und Gelb.

26. Nach Beendigung dieses Stadiums sollen alle Farben stärker aufgewertet sein. Betrachten wir die Verbindungen und Mischungen, die für diese allgemeine Verstärkung notwendig sind, im einzelnen:

25

Hierher gehören Gelb und Purpur, um Orange zu erreichen. Fügen Sie etwas Blau hinzu, um den schreienden Ton abzumildern.

Verstärken Sie die Farben der Kirche mit etwas mehr Blau, Gelb und Purpur.

In diesem Teil des Meeres befindet sich mehr Gelb als Blau. Das erklärt sich durch die Reflexe der Häuser und der Kirche im Wasser.

Der Himmel: Legen Sie im unteren Teil Gelb und im oberen Teil etwas Purpur auf das Blau.

Heben Sie die hellen und weißen Stellen hervor, um Kontraste zu erzielen.

Dominante für den Augenblick: Blaugrau.

Spitzen Sie die Farbstifte für diese düsteren Linien gut an. Sie entstehen durch die Überlagerung von Purpur auf Blau.

Das Meer: Legen Sie zunächst Grün mit Hilfe von Gelb auf Blau an, und dunkeln Sie es mit Purpur etwas ab.

In allen Schatten benötigt man Blau.

27. Sie sollten sich von jetzt an um die Kontraste bemühen. Sehen Sie sich einmal an, was Sie im zweiten Stadium in dieser Beziehung bereits erreicht haben: die weißen Zelte hinter dem grünen Boot im Vordergrund; die Ecken der Häuser, die die Licht- und Schattenzonen begrenzen; und selbst den Himmel hinter dem Glockenturm.

28. Versuchen Sie noch nicht, ein absolutes Schwarz zu erzielen. Das ist mit den Farben, die wir zur Zeit benutzen, noch nicht möglich.

Drittes Stadium: Endgültige Farbuntersuchung

Die drei Farbstifte der vorigen Etappe, zusätzlich Dunkelblau.

29. Sie arbeiten jetzt mit vier Farben: den drei Stiften der vorigen Etappe mit Hellblau, Gelb und Purpur sowie der neuen Farbe Dunkelblau.

30. Auf der untenstehenden Abbildung 26 sehen Sie die entscheidende Rolle des neuen dunkelblauen Stiftes. Sie erkennen, daß Dunkelblau in die Ausführung aller Körper im allgemeinen und die des Kirchturms im besonderen eingreift, der zuvor noch nicht mit einer derartigen Präzision anzulegen war. Man benötigt es auch zur Konkretisierung der Fenster und Türen, für den Aufbau der Boote, der Zelte und selbst für die Gestalten. Beachten Sie, daß das Dunkelblau gleichfalls zur Schaffung von Kontrasten beiträgt, indem es die Farbgebung bereichert und die bildhafte Wirkung der Schattenpartien betont.

26

31. Durch das Hinzufügen von Dunkelblau wird die Gesamtfarbgebung verstärkt. Das ist unübersehbar. Betonen Sie zum Beispiel das Volumen des Glokkenturms, indem Sie die Schattenzonen, die Umrisse der Kuppel, die Fensteröffnungen etc. mit diesem Blau verstärken, erhalten Sie automatisch einen außerordentlichen Kontrast zwischen den Licht- und Schattenzonen. Die beleuchteten Stellen wirken nun viel blasser; es fehlt ihnen offensichtlich an Farbe. Sie sehen selbst, daß Sie sie verstärken müssen, indem Sie Gelb, Purpur und Hellblau hinzufügen. Dadurch entsteht ein neuer Kontrast zwischen dem Himmel und dem Glockenturm. Deshalb überarbeiten Sie noch einmal den Himmel, die Häuser, die Boote und das Meer — kurz gesagt: alles. So spielt sich die Herstellung eines Bildes ab, und so müssen Sie ebenfalls vorgehen.

32. Untersuchen Sie jetzt die endgültige Farbgebung. Ziehen Sie dabei immer wieder die Modellvorlage zu Rate. Versuchen Sie, den endgültigen Tonwert jeder Farbe, jedes Körpers, jeder Fläche zu erreichen. Betrachten Sie jede Farbe und jeden Ton, der sich aufgrund der reflektierten Schatten und Farben ergibt, in aller Ruhe. Sehen Sie sich zum Beispiel an, wie ich das Problem der reflektierten Farben in den Schattenzonen gelöst habe. Ich habe ein grünstichiges Blau für die Kuppel des Kirchturms gewählt, ein violettstichiges Grau mit blauen Tupfen für die Schatten des Turms, Karmin und Gelb für die Schatten des Portalvorbaus der Kirche, Rosa- und Siena- sowie Violettöne und Grün für die Schatten der Mauer, die ältesten Häuser und die nächstliegenden Schatten der Kirche etc.

27

33. Keine einzige Farbe ist gleichförmig. Man kann wahrhaftig nicht behaupten, die Fassade der Kirche sei völlig gelb, orangefarben oder rosa oder die Schattenseiten jener alten Häuser besäßen eine einzige gleichmäßige Farbe.

Viertes und letztes Stadium: Abschlußarbeiten

Zusätzlich zu den vorigen Farben noch der schwarze Stift.

34. Beim Malen mit Farbstiften dient der schwarze Stift der Aufwertung der Zeichnung und der Formen der Körper. Er trennt, kontrastiert und bestätigt die Farben.

35. Wie auf der Modellvorlage zu erkennen, beruht die Arbeit im wesentlichen darauf, die Umrisse der Körper zu zeichnen und herauszuarbeiten. Das geschieht in unserem Fall durch klare Linien für die Tür- und Fensterkreuze, durch unterstreichende Linien für die gesamten Boote und kleine Striche für die Schatten der Bäume, der Boote, der Sonnenschirme und der Gestalten, die sie benutzen etc. Eine Gefahr besteht allerdings: Setzen Sie den schwarzen Stift vor Begeisterung bitte nicht derart ausgiebig ein, daß das gesamte Bild in eine kolorierte Zeichnung verwandelt wird! Geben Sie acht, daß Sie den schwarzen Stift nicht mißbrauchen. Lassen Sie sich von der Abbildung auf Seite 30/31 leiten.

36. Die Verwendung des schwarzen Stiftes hat dieselbe Wirkung wie der Einsatz des dunkelblauen Stiftes innerhalb des vorigen Stadiums: Sie führt zu einem Ungleichgewicht in den Kontrasten zwischen den beleuchteten und den im Schatten liegenden Partien des Bildes. Deshalb ist es erforderlich, die gesamte Farbgebung während der Benutzung des schwarzen Stiftes noch einmal zu überprüfen. Sobald Sie zum Beispiel das Volumen und die Silhouette des Kirchturms mit dem schwarzen Stift verstärkt haben, müssen Sie den Himmel überarbeiten. Sind Sie mit Schwarz über die Türen, die Fenster, den Schatten der Bäume und der Boote gegangen, muß die Farbe der Boote, der Häuser und des Strandes verstärkt werden.

37. Es kann sein, daß Sie in diesem Stadium feststellen, daß Ihr Bild ausgesprochen kalt wirkt, daß es zu glatt ist und jener duftige Eindruck verlorengegangen ist, den wir so wünschen und der sich aus dem Fehlen präziser Einzelheiten in der Ferne ergibt. Dafür gibt es eine Lösung: Kolorieren und retuschieren Sie die Linien, die Winkel und die Umrisse mit einem hellblauen Stift. Setzen Sie diesen hellblauen Stift etwas unscharf, aber doch mit einer gewissen Energie ein, um die Linien, die Winkel und die Umrisse zu verwischen. Falls es sich als nötig erweist, führen Sie diese Retusche anschließend mit einer weiteren Farbe (Dunkelblau oder sogar Schwarz oder vielleicht Purpur) durch.

38. Lassen Sie schließlich mit Hilfe einer Rasierklinge einige weiße Stellen wieder erscheinen. Kratzen Sie die Farbe vorsichtig ab, und lassen Sie das Papier an diesen Stellen blank. Das ist ein relativ einfaches Verfahren. Man braucht nur zu bedenken, daß die Färbemittel des Stiftes in Wachs aufgelöst sind und Wachs eine richtige Schicht auf dem Papier bildet. Dieses kratzt man mit der Kante einer Rasierklinge wieder herunter. Sie erkennen auf Ihrer Modellvorlage einige Stellen, an denen ich diesen „Trick" angewendet habe: bei der mittleren Öffnung des Kirchturms und der Einfassung der Fenster und Türen des Nachbargebäudes der Kirche. Wie Sie feststellen werden, habe ich die Rasierklinge nur wenig eingesetzt. Aber das reichte.

39. Ob wir jetzt fertig sind? Nein, nicht ganz. Sie werden noch das Bedürfnis verspüren, einige Retuschen anzubringen, hier und da etwas zu verstärken, etwas Blau, Gelb oder Purpur hinzuzufügen etc. Vielleicht halten Sie es sogar für erforderlich, auch den Himmel, den Strand, das Meer etc. zu verstärken . . .

40. Jetzt können Sie Ihr Werk signieren. Sollten Sie, was ich hoffe und wünsche, ein Bild angefertigt haben, das es verdient, gerahmt zu werden, tun Sie es. Ein derartiges mit Farbstiften gemaltes Thema eignet sich mehr als jedes andere für die sogenannte „englische Rahmung". Dazu müssen Sie ein Passepartout, also eine Art Papierstreifen, zurechtschneiden, der das Werk vom eigentlichen Rahmen trennt. Wir raten Ihnen zu einem schmalen Rahmen aus hellem Holz.

28

Englische Rahmung

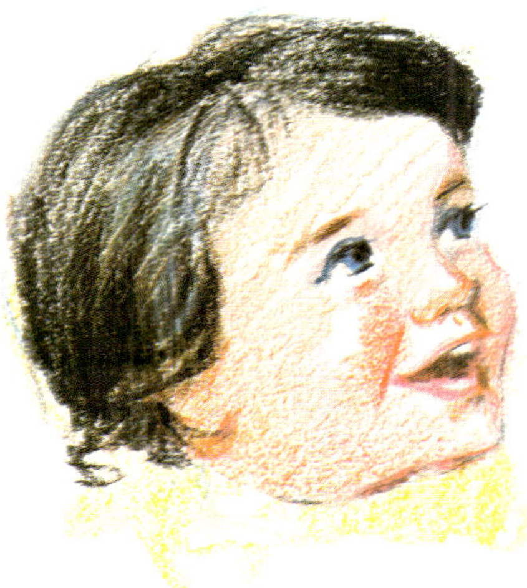

Hier einige Skizzen, die mit Farbstiften angefertigt wurden. Sie sind eine sehr geeignete Methode, um die ersten Umrisse einer Arbeit anzulegen.

JMPARRAMON

29

Abbildung 29: Modellvorlage für das Übungsbild einer Landschaft mit den drei Grundfarben sowie Schwarz.

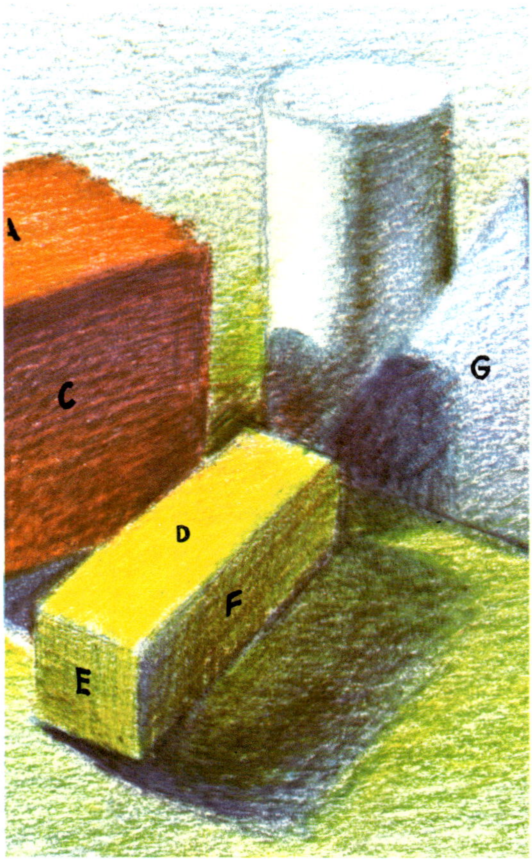

30

Dritte Übung

Wie man eine Gruppe von Gegenständen aus einfachen geometrischen Formen malt

Nehmen Sie wieder Ihre Farbstifte. Doch diesmal beschränken wir uns nicht auf die Verwendung der drei Grundfarben, sondern arbeiten mit allen Farben und bestimmen anhand des Modells die notwendigen Mischungen. Wir beginnen mit einem Modell aus den Grundformen, die auf einer farbigen Unterlage liegen. Es entspricht hinsichtlich der Komposition und Farbzusammenstellung der Modellvorlage auf Seite 41 (Abb. 43). Diese Übung ist sehr interessant. Sie ermöglicht es Ihnen, sich anhand eines vorgegebenen Modells mit der Untersuchung und der Lösung von Farbproblemen vertraut zu machen. Sie gibt Ihnen ebenfalls die Möglichkeit, Abstufungen anzulegen und mit farbigen Stiften (und nicht etwa mit Schwarz) zu schwärzen. Gleichzeitig enthält diese Übung das notwendige Wissen, um Sie auf die folgende Arbeit vorzubereiten. Sie erhalten die entsprechenden Hinweise, um in Kenntnis der Sachlage die ewige Frage zu beantworten: Um welche Farbe handelt es sich?

Allgemeine Hinweise

1. Zur Bereitstellung des Modells benötigen Sie folgendes Material:

a) ein hellgrünes Blatt Papier für den Untergrund
b) ein Blatt leichte rote Pappe für den Würfel,
c) ein Blatt leichte gelbe Pappe für das Parallelepiped
d) ein Blatt leichte hellblaue Pappe für die Pyramide
e) ein Blatt leichte weiße Pappe für den Zylinder.

Zeichnen und falten Sie zunächst die genannten Grundformen.

Auf den Abbildungen eins, zwei, drei und vier sehen Sie das Grundmuster für den roten Würfel, das gelbe Parallelepiped, die himmelblaue Pyramide und den weißen Zylinder.

Abb. 1

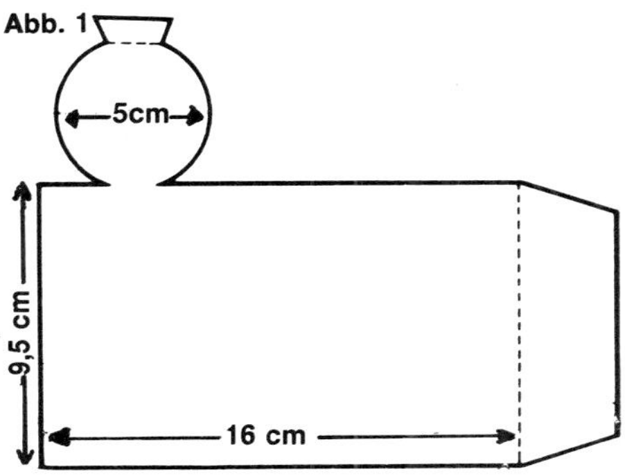

31

Abb. 2

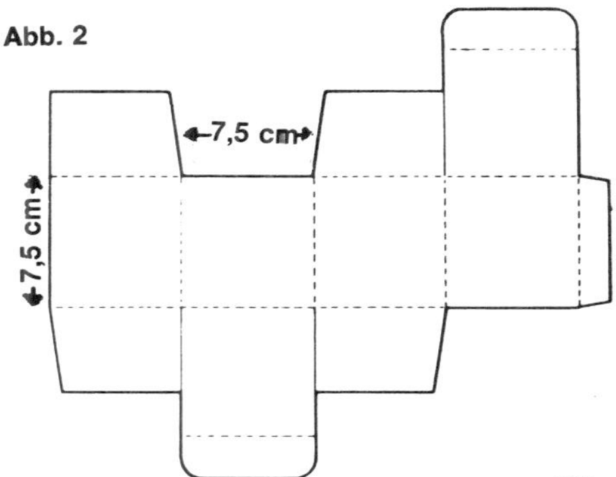

32

Abb. 3

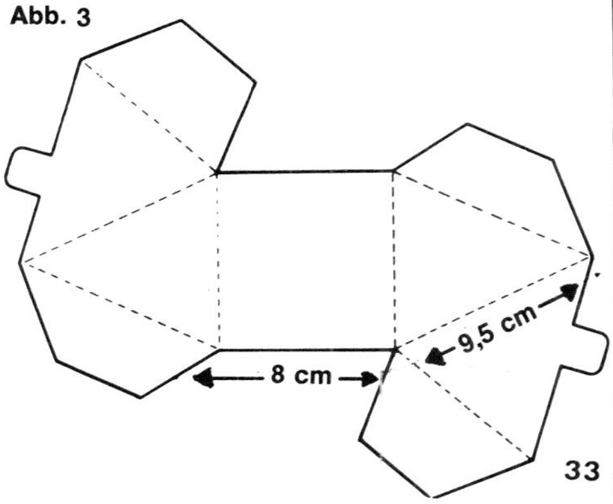

33

Abb. 4

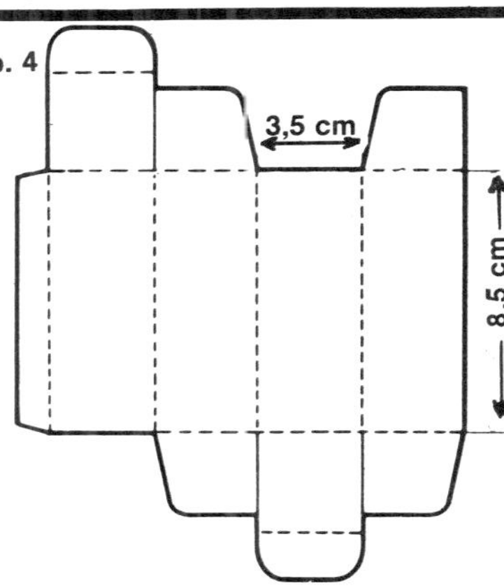

34

2. Legen Sie zunächst das hellgrüne Papier als Untergrund auf einen gewöhnlichen Tisch, und verteilen Sie die Grundformen darauf. Stellen Sie eine Bürolampe mit einer 100-Watt-Birne daneben, die das Modell beleuchtet. (Halten Sie sich hinsichtlich der Einzelheiten an Abbildung 35, Seite 34). Studieren Sie die Lage der einzelnen Elemente zur Lichtquelle und zueinander anhand der Modellvorlage auf Seite 42/43. Verschieben Sie die Lampe, oder verändern Sie die Lage des einen oder anderen Elementes, bis Sie dieselbe Wirkung erzielt haben.

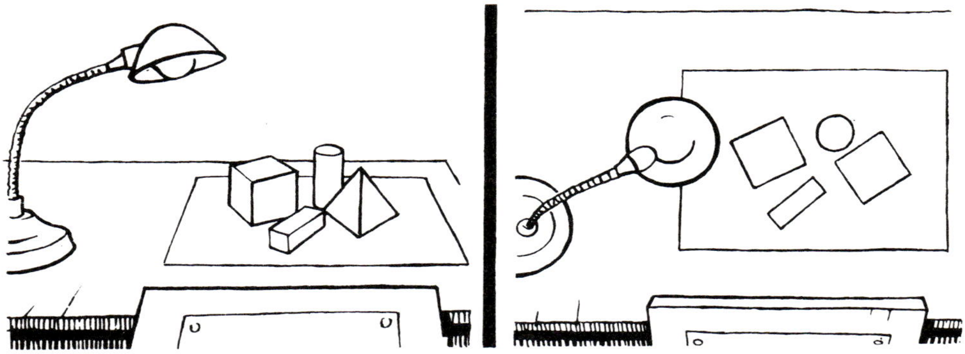

35

3. Beginnen wir mit dem Studium der Farben, und geben wir jeder ihren festgelegten Namen. Hier die übliche Reihenfolge in einer Schachtel mit zwölf Stiften:

Abbildung 36: Skala der Farbstiftfarben

36

Lernen Sie die Namen der einzelnen Farben sehr gründlich, denn sie tauchen in dieser und der folgenden Übung immer wieder auf.

4. Abbildung 37 zeigt Ihnen, wie man mit den Farbstiften arbeitet. Während die rechte Hand mit einem bestimmten Stift zeichnet, hält die Linke die übrigen Stifte. Auf diese Weise läßt sich mit allen Farben rasch und gleichzeitig arbeiten.

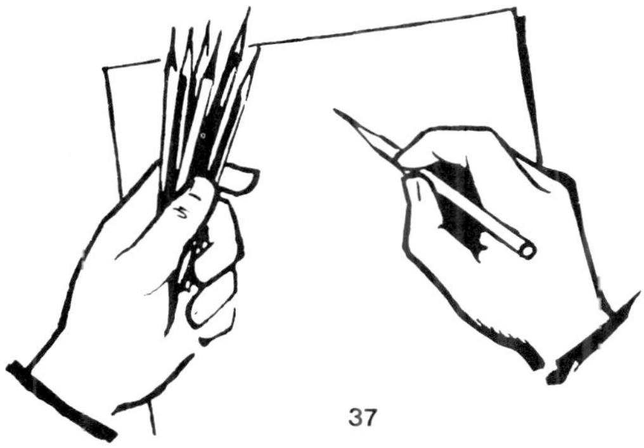

37

Aufbau und Anlage

5. Wählen Sie als Zeichenpapier das Format der Modellvorlage auf Seite 42/43.

6. Wie bei der vorigen Übung raten wir Ihnen auch diesmal, den Aufbau und die Anlage der Zeichnung auf einem Extrablatt anzufertigen, damit das endgültige Papier im bestmöglichen Zustand bleibt.

7. Für den Aufbau und die endgültige Anlage der Zeichnung benutzen Sie den hellblauen Stift und zeichnen selbst die Schatten, ohne jeden Druck auszuüben. Werden Sie bei diesem Stadium keinesfalls nachlässig. Sie laufen sonst Gefahr, Schwierigkeiten beim Anlegen der gewünschten endgültigen Farben oder Töne zu bekommen. Natürlich trifft es zu, daß sich in allen Schatten Blau befindet. Trotzdem sollte man sich nicht zum Gefangenen dieses Hellblaus machen.

8. Ich glaube, daß Ihnen die Anlage und der Aufbau keine allzugroßen Schwierigkeiten bereiten werden. Es handelt sich ja um sehr einfache geometrische Formen, die keine elementaren perspektivischen Probleme aufweisen.

9. Halten Sie sich an das Schema der logischsten Linienführung, das auf Abbildung 38 (folgende Seite) angegeben ist. Auf diese Weise drücken Sie die gewählte Form am besten aus und geben sie am korrektesten wieder. Benutzen Sie das Schema nur als Ausgangspunkt. Denken Sie daran, daß man beim Malen mit Farbstiften manchmal die Strichrichtung ändern muß, um eine größere Gleichförmigkeit beim Mischen der Farben zu erreichen.

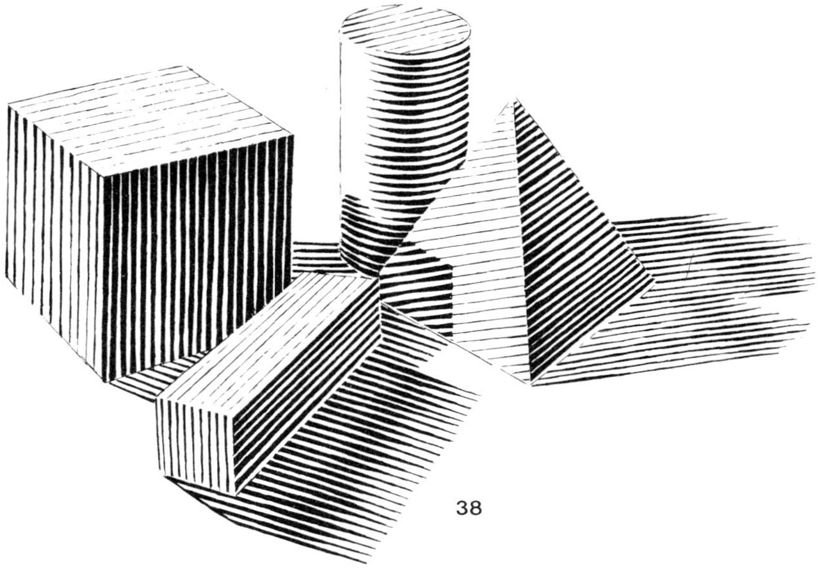

38

Erstes Stadium: Untersuchung der Farbgebung

Sie arbeiten mit aufeinanderfolgenden Schichten in leichten Strichen aus allen Farben.

10. Sehen Sie sich die untere Abbildung 39 genau an. Versuchen Sie, die Referenzbuchstaben für die einzelnen Seiten des Würfels, des Parallelepipeds etc. im Gedächtnis zu behalten. Verstärken Sie die Farben der einzelnen Seiten entsprechend. Sie werden feststellen, daß es auf derselben Ebene Unterschiede in den Tonwerten jedes einzelnen Gegenstandes gibt.

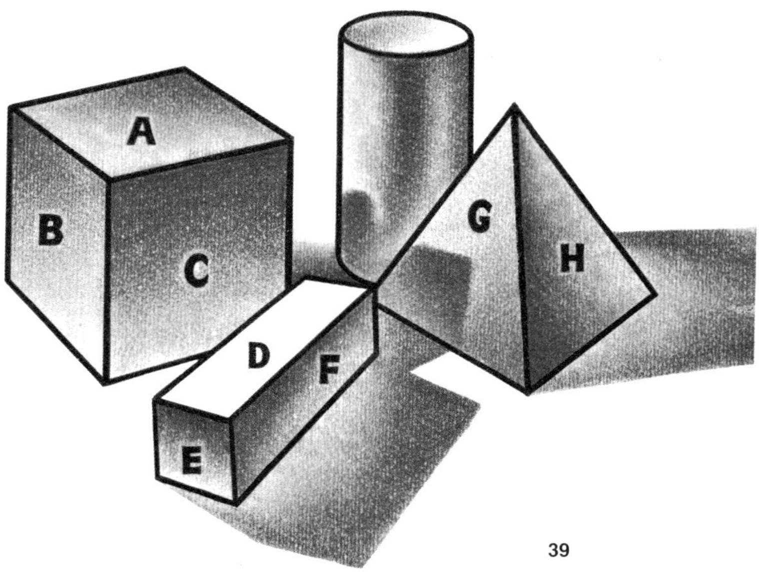

39

40

11. Hier die Farben und ihre Reihenfolge:

Hellblau und Hellgrün — Der Hintergrund

Hellblau für den oberen Teil des Hintergrundes, Hellgrün für den unteren Bereich. Beide Farben sind abgestuft und verschmelzen in der Mitte. Außerdem ist die linke Seite heller als die rechte.

Seite A und B: Rot und Gelb — Der Würfel

Die Reihenfolge: zunächst Rot, dann Gelb. Achten Sie auf die Verstärkung und die Abstufung der Farben an den beiden Seiten. Ziehen Sie dabei Abbildung 40 zu Rate.

Seite C: Hellblau, Gelb, Rot und Purpur — Der Würfel

Man beginnt mit Hellblau, das man bereits beim Anlegen der Schatten verwendet hat, und fährt fort mit Gelb und Rot (das ist nicht so stark wie Purpur).

Gelb — Das Parallelepiped

Dunkelgelb für D, Mittelgelb für E und Hellgelb für F.

Siena hell und Dunkelgrün für E

Das Siena ganz leicht, das Grün etwas intensiver.

Hellgrün und Violett für F — Der Zylinder

Beides im Augenblick als Halbton.

Dunkelblau für den oberen Teil

Hellblau für den Reflex der Pyramide

Dunkelblau und Siena hell auf die bauchige Stelle
Die Farben verlaufen von oben bis unten, ohne jedoch den leuchtenden Widerschein der hellen Farbe der Pyramide zu überdecken.

Purpur und Dunkelblau für den Schatten unten links
Wir benötigen hier ein karminstichiges Schwarz.

Die Pyramide

Hellblau für G und H
Dunkelblau für den Wurfschatten des Würfels auf G
Dunkelblau und Purpur (für H)
Sehr wenig Purpur, eine größere Menge Dunkelblau. Aufgepaßt: Beachten Sie die Farbskala. Drücken Sie auf der Schattenseite etwas stärker auf.

Dunkelgrün für die Grundseite (H)
Legen Sie eine Abstufung vom Schatten zum Licht an.

Der Wurfschatten auf der Unterlage

Schatten des Würfels: Dunkelblau und Purpur
Legen Sie den Purpur ganz leicht an, um eine blaustichige Nuance zu erhalten.

Schatten des Parallelepipeds: Dunkelblau, Violett und Dunkelgrün
Bemühen Sie sich um einen bläulichen Ton mit einem Violett- und Grünstich. Das Grün benötigen Sie insbesondere für die Mitte, wo es nahe dem gelben Parallelepiped eine Art Lichthof bildet, was sich durch den Widerschein auf der dunklen Fläche erklärt.

Dunkelblau, Violett und Dunkelgrün
Der Schatten ist nahe der Pyramide stark bläulich und leicht violettstichig (durch eine Mischung von Blau und einer geringen Menge Purpur) an den von der Pyramide entferntesten Stellen. Aufgabe des Dunkelgrüns ist es, das Blau grünstichig erscheinen zu lassen und den Purpur abzuschatten.

12. Weitere Hinweise über diesen ersten Schritt zur Kolorierung wollen wir hier nicht geben. Sie müssen selbst erkennen, ob diese oder jene Farbe noch verstärkt oder die eine oder andere Stelle präzisiert werden muß. Überprüfen Sie auch die Abstufungen. Vergleichen Sie Ihre Arbeit mit Abbildung 40 (vorige Seite). Analysieren Sie das Modell, und stellen Sie fest, ob Ihnen einige Farben „entgangen" sind und sich zu stark von der von Ihnen gewählten allgemeinen Harmonieskala entfernt haben.

Zweites Stadium: Allgemeine Verstärkung der Farbgebung, um Kontraste und Volumen zu erzeugen

Verwenden Sie alle Farben mit Ausnahme des Schwarz. Drücken Sie jetzt etwas stärker auf.

---

13. Abbildung 41 auf der folgenden Seite zeigt das Ergebnis am Ende dieses zweiten Stadiums.

Die Arbeit beginnt, Form anzunehmen. Das Auge und die Hand geben jetzt der Spontanität gegenüber der Überlegung den Vorzug.

41

Ich selbst habe dieses zweite Stadium folgendermaßen ausgeführt:

Der Würfel

Purpur für die Seiten B und C
Verstärken Sie die Farbe

Rot für die Seite A
Beachten Sie, daß der Purpur hier kaum eine Rolle spielt.

Dunkelblau und kräftiges Gelb für C
Das Dunkelblau wird von oben nach unten abgeschattet und abgestuft; das heißt, oben ist es am intensivsten, unten am schwächsten. Von unten nach oben stufen Sie dagegen das Gelb ab. Drücken Sie den Stift nicht zu stark auf, um das Korn des Papiers nicht zu beschädigen, denn Sie müssen die Fläche noch weiter bearbeiten. Ferner benötigen Sie ein schmutziges Orange für den gelben Widerschein des Parallelepipeds (Abb. 41, vergleichen Sie diese mit dem Modell).

Das Parallelepiped

Intensives Gelb für die Seite D
Drücken Sie hier kräftig auf.

Hellblau, Siena hell und Gelb für E
Legen Sie nacheinander Hellblau und Siena in eher leichten Halbtönen an. Das Gelb muß stärker aufgedrückt werden. Es verschmilzt mit den vorigen Farben.

Dunkelblau und Purpur für F
Dieser Schattenseite fehlt es noch ein wenig an Leuchtkraft, Transparenz und Klarheit in der Farbe. Etwas Dunkelblau als Halbton und eine Spur Violett, um ein blaustichiges Violett zu erhalten, tragen viel zu der erwünschten Wirkung bei.

Der Schatten des Parallelepipeds auf der Unterlage

Dunkelgrün
Legen Sie eine allgemeine Schicht an, um den Untergrund zu vereinheitlichen und abzuschatten. Achten Sie jedoch darauf, daß der grünliche Lichtrand nahe dem Parallelepiped (also dessen Schatten) erhalten bleibt.

Der Schatten des Würfels auf der Unterlage

Dunkelblau und Purpur

Der Untergrund

Hellgrün und Dunkelgrün
Für den unteren Teil des Untergrunds benötigen Sie links Hellgrün und rechts Dunkelgrün.

Hellblau und Dunkelblau
Für den entferntesten Teil des Untergrunds ist links Hellblau und rechts Dunkelblau erforderlich.

Die Pyramide

Hellblau, Dunkelblau, Purpur und Dunkelgrün
Allgemeine Verstärkung und Intensivierung des zuvor Gezeichneten: Hellblau auf die Seite G, etwas Dunkelblau weiter unten. Die restlichen Farben verwenden Sie entsprechend der Modellvorlage für den Wurfschatten des Würfels auf die Seite G und den Eigenschatten der Seite H.

Der Schatten des Parallelepipeds auf der Unterlage

Hellblau und Purpur
Verstärken Sie die Farben, und versuchen Sie, dem Schatten mehr Leuchtkraft zu verleihen.

Der Würfel

Violett auf die Seite C
Vergessen Sie nicht, das Violett abzustufen; behalten Sie jedoch das Orange unten bei.

Die Pyramide

Violett für den Schatten der Seite G
Gemeint ist hier dieser kleine Wurfschatten des Würfels auf die besagte Seite der Pyramide.

Der Zylinder

Violett für den roten Widerschein des Würfels

Der grüne Untergrund

Gelb für den linken Rand
Sie müssen Gelb für den unteren Teil des Würfels und des Parallelepipeds hinzufügen, um ein leuchtenderes Grün zu erhalten.

Drittes Stadium: Endgültiges Studium der Farbgebung

Alle Farben mit Ausnahme von Schwarz.

14. Abbildung 42 zeigt das Ergebnis dieser Arbeit nach Abschluß des dritten Stadiums. Die Farbgebung kommt der Modellvorlage schon sehr nahe. Die chromatische Tendenz zeichnet sich ab. Wir bearbeiten die folgenden Stellen während dieses dritten Stadiums:

Der Zylinder

Hellblau
Verstärken und modellieren Sie die bauchige Stelle und vor allem den Widerschein auf dem unteren Teil von oben nach unten.

Dunkelblau
Sie benötigen es für den oberen Teil und noch intensiver für die bauchige Stelle und die Begrenzung auf der rechten Seite. Stufen Sie jeweils zur Mitte hin ab.

42

Siena hell und dunkel
Sie benötigen es für den bauchigen Teil, um das vorige Blau zu modellieren und abzuschatten.

Purpur
Er ist für den Schatten unten links erforderlich.

Hellblau
Für den oberen Umkreis mit einem sehr feinen Strich, der von links nach rechts abgestuft wird.

Der Schatten zwischen dem Würfel und dem Zylinder

Dunkelblau, Violett und Purpur
Diese Nuance sollte violettstichig gehalten werden.

Die Pyramide

Violett auf die Fläche H
Stufen Sie die Farbe von der Kante zur beleuchteten Fläche hin ab.

Der Würfel

Intensives Rot unten auf die Seite C, das sich nach oben abstuft

Der Untergrund (oben):

Dunkelblau
Verstärken Sie die Farbe im oberen Teil hinter dem Würfel und dem Zylinder, um einen größeren Kontrast zum Weiß des Zylinders zu erhalten.

Der Untergrund (untere Hälfte):

Gelb und Rot
Sie benötigen es vor allem auf der linken Seite nahe dem Würfel.

43

Abbildung 43: Modellvorlage für die dritte Übung. Sie sollten sie sowohl bei der Zusammenstellung des Modells als auch während der Abschlußarbeiten an diesem Stilleben zu Rate ziehen.

Der Würfel

Rot, Purpur, Dunkelblau und Violett
Allgemeine Verstärkung der roten Farbe des Würfels. Sie arbeiten jetzt mit allen Farben, um die gewünschte Nuance des Modells beizubehalten und zu verstärken. Dabei halten Sie sich insbesondere an Purpur für die Seiten B und C sowie Dunkelblau und Violett für die Seite C.

Das Parallelepiped

Gelb, Siena hell, Dunkelblau und Violett
Allgemeine Verstärkung der Licht- und Schattenzonen.

Rot
Zu empfehlen für die Seiten E und F, vor allem aber für E.

Der Schatten des Parallelepipeds auf der Unterlage

Violett, Rot und Grün
Zunächst muß beinahe alles in Violett gemalt werden.

Der Untergrund

Dunkelgrün und Dunkelblau
Vor allem der Untergrund muß noch behandelt werden. Verstärken Sie die Farbe im allgemeinen. Betonen Sie dabei besonders die rechte Seite.

Viertes und letztes Stadium: Letzte Retuschen und Abschlußarbeiten

Verwenden Sie alle Farben einschließlich Schwarz.

15. Halten Sie sich an die Modellvorlage. Ziehen Sie sie ständig zu Rate, und vergleichen Sie. Wir sind jetzt in der Schlußphase unserer Arbeit. Hier wird eine allgemeine Überprüfung der Kontraste, der Atmosphäre und der Farbgebung erforderlich. Wir müssen feststellen, ob noch irgendwo Blau oder Grün fehlt oder zum Beispiel etwas Purpur hinzugefügt werden muß . . .

16. Greifen Sie nun auch zu Schwarz. Denken Sie daran, daß diese Farbe nur zum Hervorheben, Trennen und Konzentrieren der Farben dient, indem sie die Kontraste verstärkt. Mißbrauchen Sie Schwarz bitte nicht. Legen Sie es nur auf die folgenden Stellen:
a) die untere Begrenzung der Körper,
b) die hervorzuhebenden Stellen,
c) gewisse dunkle Stellen, die den Schatten entsprechen.
Halten Sie sich bei dieser Arbeit immer an die Modellvorlage. Vergleichen Sie diese mit der vorigen Abbildung (Abb. 42).

17. Denken Sie daran, daß Sie die Umrisse der einzelnen Formen mit der entsprechenden Farbe verwischen können. Hellblau eignet sich am besten zur Schaffung von Atmosphäre.

18. Lassen Sie zwei Tage verstreichen, bevor Sie Ihr Werk signieren. Vielleicht entdecken Sie dann noch eine wichtige Stelle, die verstärkt oder leicht abgewandelt werden sollte. Man kann dazu den Radiergummi verwenden, falls es das Papierkorn erlaubt. Auf diese Weise setzen Sie Ihre Unterschrift mit völliger Befriedigung unter das Bild.

Vierte Übung

Wie man das Gesicht einer Frau nach einer Farbfotografie malt

44

Allgemeine Hinweise

19. Wählen Sie für dieses Porträt ein Format, das unserer Modellvorlage auf Seite 47 entspricht. Malen Sie auf Cansonpapier. Legen Sie das Gesicht so, daß vorn etwas mehr Raum bleibt als dahinter.

Aufbau und Anlage

20. Bei dieser Arbeit dürfen Sie noch weniger als bei den vorigen Übungen auf den Radiergummi zurückgreifen, denn die Struktur, das Korn, das Weiß und die Sauberkeit des Papiers müssen unbedingt erhalten bleiben. Es ist daher ratsam, den Aufbau und die lineare Zeichnung des Gesichtes auf einem gesonderten Blatt anzulegen und anschließend entsprechend der im Abschnitt 20 des ersten Kapitels beschriebenen Methode (Herstellung eines Landschaftsbildes von Sitges) auf das endgültige Zeichenpapier zu übertragen.

21. Der Aufbau dieser Zeichnung muß mit größter Sorgfalt erfolgen. Bei dieser Art der Porträtzeichnung ist es wichtiger denn je, genau achtzugeben und so sauber und fein wie möglich zu skizzieren. Zeichnen Sie zum Beispiel die Nase nicht ganz so stark als Stupsnase und die Augen und den Mund nicht zu ausgeprägt (Abb. 45). Verleihen Sie den kleinen Karos im Kleid und im Hutband etwas Volumen, und deuten Sie auch die Falten im Stoff an. Zeichnen Sie diese Stellen sowie die Haare und auch das Übrige zu rasch, weil Sie sich sagen, daß Sie ohnehin alles noch einmal überarbeiten müssen, setzen Sie sich zwangsläufig einem völligen Fehlschlag aus.

22. Zum Umzeichnen und für den endgültigen Aufbau sollten Sie den hellblauen Stift benutzen. Aber

Achtung!

Zeichnen Sie mit ganz leichter Hand, vor allem beim Aufbau des Profils der Nase, des Mundes und des Kinns. Denken Sie daran, daß die Dominante von Nase und Kinn später fleischfarben und die der Lippen rosa ist.

23. Betrachten Sie die unterschiedlichen Richtungen der Linienführung auf Abbildung 45.

45

Abbildung 45: Richtung der Linienführung.
1. Serie von nebeneinanderliegenden Strichen für den Hut.
2. Waagerechte Striche für das Gesicht und den Hals.
3. Diagonale Strichführung für das Unterlid und die Nase, senkrechte Striche für den Mund, gebogene Striche für das Kinn, die Kinnbacken und den unteren Teil des Halses.
4. Die Striche für das Haar folgen der Frisur.
5. Senkrechte und waagerechte Striche für die Karos im Hutband und im Kleiderstoff.

24. Auf der gegenüberliegenden Seite sehen Sie das fertige Ergebnis dieser Übung (Abb. 46). Die Abbildung dient Ihnen als Vorlage beim Umzeichnen und Aufbauen, bei der Auswahl der Farbstifte und für das letzte Stadium mit den Retuschen und den Abschlußarbeiten.

46

Erstes Stadium: Allgemeine Wahl der Farbgebung

Benutzen Sie alle Farbstifte mit Ausnahme von Schwarz. Drücken Sie nur leicht auf.

25. Die Farben und ihre Reihenfolge:

Für das Gesamtbild außer Kleid und Hutband

mittleres Gelb
Eine erste Schicht mit gleichmäßigen, ineinander übergehenden Strichen als Halbton (der Stift liegt innen in der Hand) von oben nach unten. Bedecken Sie mit Ausnahme des Kleides und des Hutbandes auch die Schattenzonen.

Das Gesicht und die Arme mit Ausnahme der beleuchteten Stellen

sehr schwaches Rot (sehr helles Rosa)
Tragen Sie jetzt ein sehr helles Rosa auf, das mit dem vorigen Gelb ein helles Orange oder die Fleischfarbe bildet. Arbeiten Sie im waagerechten Sinne. Gehen Sie auch über die Schatten, die Sie mit Hellblau angelegt haben. Stufen Sie die linke Seite des Gesichtes und die Arme ab. Lassen Sie nur die beleuchteten Stellen, die ausschließlich mit Gelb angelegt sind, vorläufig aus.

Ohren und Lippen

Purpur oder zartes Karmin
Zeichnen Sie die Ohren zunächst im waagerechten Sinne, und ziehen Sie anschließend die Konturen nach. Verwenden Sie ausschließlich Purpur. Verfahren Sie mit den Lippen ebenso; halten Sie hier die Striche jedoch leicht geschwungen nach unten.

Schatten auf dem Gesicht, dem Hals und den Armen

Hellgrün

Wangen und Kinnbakken

Hellgrün
Mit diesem Hellgrün gehen Sie über die hervorstehenden Wangenknochen beinahe bis zu den Wangen. Am Hals und unten am Kinn dürfen Sie etwas stärker aufdrücken, damit beide kräftiger hervorgehoben werden. Lassen Sie jedoch das Hellblau an der unteren Begrenzung bestehen.

Der Hals

Rot
Verstärken Sie den Hals mit einem Rosaton (Hellrot).

Schatten der Nase

Purpur und Hellgrün
sehr schwaches Purpur, ein mittleres Grün

Der Strohhut

Siena sowie Grün für die Schattenzonen
Zunächst tragen Sie das helle Siena, anschließend das Grün auf. Beginnen Sie mit einer Reihe kleiner nebeneinanderliegender waagerechter Striche (siehe Abb. 45).

Gelb
Für den Strohhut muß das ursprüngliche Gelb verstärkt werden.

Haare, Augenbrauen und Augen

Dunkelblau
Zeichnen Sie alles nach, und halten Sie dabei die Umrisse des Haares etwas verwischt. Folgen Sie beim Zeichnen des Haares der Linienführung der Frisur (Abb. 45).

47

Benutzen Sie nochmals alle Farben des ersten Stadiums

Allgemeine Intensivierung durch weiteres Dunkelblau für die Schatten

Diese Intensivierung ist nicht zwangsläufig erforderlich. Das hängt von der vorigen Verstärkung des Haares, der Augenbrauen und des Auges ab. Es wäre normal, wenn die Verstärkung mit Hilfe des Dunkelblaus ein allgemeines Ungleichgewicht hervorgerufen hätte, das eine Intensivierung der übrigen Farben bedingt. Hierzu verwenden wir alle bisher benutzten Farben und bearbeiten insbesondere das Dunkelblau für den Schatten des Hutes, des Gesichts und mehr noch der Kinnbacken und des Halses. Vergleichen Sie Ihre Arbeit jetzt mit der Farbgebung von Abbildung 47.

Gestatten Sie mir, bevor ich fortfahre, einige allgemeine Anmerkungen.

26. Die Grundfarben der Fleischfarbe:

Als Sie sich zum ersten Mal mit der Fleischfarbe befaßten und untersuchten, welche Farben im wesentlichen darin enthalten sind, haben Sie gewiß festgestellt, daß sich diese wichtige Farbe vor allem aus Grün und Rot zusammensetzt. (Hinzufügen sollte man Dunkelgrün — das nur ein anderer Grünton ist — sowie Purpur, also ein dunkles Rot.)

Mischen wir die Rot- und Grüntöne zu ungleichen Teilen und fügen wir Weiß hinzu, erhalten wir ein Siena, das je nach den Anteilen der einzelnen Farben, die man betonen möchte, mehr oder weniger rosa, mehr oder weniger grün und heller oder dunkler ausfallen kann. Ja, und dieses Siena bildet die Grundlage für die Fleischfarbe. Der Begriff umschreibt also keinen ganz bestimmten Farbton. Um dem Modell Leben, Form und Volumen zu geben, braucht man dieser Fleischfarbe nur noch all jene Farben, all jene Töne und Reflexe beizufügen, die nach der Vorlage notwendig sind.

„Gut und schön", werden Sie jetzt sagen. „Aber wir besitzen doch schon einen hellen und einen dunklen Sienastift. Weshalb benutzen wir sie nicht direkt?"

27. Die Vorteile einer zusammengesetzten Farbe gegenüber einer Fertigfarbe:

Sie fragen, weshalb wir diese Stifte nicht benutzen? Ganz einfach: Verwendet man nur das Siena, also die Grundfarbe des fleischfarbenen Tons, erhält man zwar mit Sicherheit ein Volumen, das jedoch nur aufgrund von unterschiedlichen Tonwerten entsteht und dem es an jeder Vielfalt in der Farbe mangelt. Nun besteht die Fleischfarbe aber nicht nur aus einer mehr oder weniger dunklen Farbe, sondern aus zahlreichen, ja aus allen Farben des Spektrums, die zu einem helleren oder dunkleren Ton miteinander gemischt werden. Setzen wir dieses Siena also aus Rot, Purpur und Grüntönen zusammen, erhalten wir eben diese Vielfalt der Fleischfarbe mit ihrem Rosé-, Grün- oder Karminstich . . . Das führt uns zu der folgenden Schlußfolgerung:

1. Siena ist die Grundfarbe der Fleischfarben.
2. Es ist ratsam, dieses Siena aus Rot, Purpur und Grün selbst zu mischen.
3. Mit Hilfe dieses selbstgemischten Sienas muß der Künstler den Grundton seines Modells bestimmen. Dieser kann je nach den Umständen bestehen aus:
a) Gelb: für die goldenen und ockerfarbenen Reflexe etc.
b) Hellblau: für die Schatten, die transparenten grau- und blaustichigen Reflexe etc.
c) Dunkelblau zur Verstärkung der Schatten

48

Zweites Stadium: Allgemeine Verstärkung der Farbgebung, um Kontraste und Volumen zu erhalten

28. Am Ende dieses zweiten Stadiums sollten Sie ein Ergebnis erhalten, das dem auf Abbildung 48 entspricht. Dafür habe ich folgendes getan:

Schatten der Schläfen, Backenknochen und Wangen

Hellgrün
Ich lege dieses Grün ganz leicht unten auf die Nase und den Schatten des Mundes auf der Unterlippe.

Strohhut

Hellgrün und Siena hell
Modellieren Sie den Hut, und stufen Sie ihn mit kleinen Strichen ab.

Kinnbacken und unterer Teil des Kinns

Siena hell
Harmonisieren Sie diese Stellen gut.

Haare

Schwarz und Dunkelblau
Beachten Sie hier unbedingt die Linienführung. Es geht darum, die Haare abzudunkeln und zu schwärzen. Malen Sie gleichzeitig mit dem dunkelblauen und dem schwarzen Stift. Das Blau muß die Grundlage für das Schwarz bilden; zugleich soll es das Schwarz „luftiger" machen, es nuancieren, und an den nicht ganz so dunklen Stellen selbst auftauchen. Beachten Sie, wie das Blau auf Abbildung 48 in den Strähnen auf der Stirn und im Nacken unter dem Hutrand hervortritt.

Stellen nahe dem Haar: Schläfen, Koteletten und Nacken

Dunkelblau und einige purpurne Tupfer
Sorgen Sie dafür, daß das Dunkelblau der Haare als Abstufung über die eigentliche Fläche hinausgeht, damit man es an den Umrissen des Schwarz (an den Schläfen, Koteletten und im Nacken) deutlich erkennt.

Augenbrauen und Auge

Schwarz und Dunkelblau
Das Dunkelblau bildet auch hier insbesondere bei der Augenbraue die Grundlage für das Schwarz.

Karos im Stoff des Hutbandes und des Kleides

Dunkelblau und Violett
Benutzen Sie zunächst den dunkelblauen Stift für die hellsten Karos, und legen Sie Violett auf das Blau der dunkelsten Karos. Stufen Sie gleichzeitig ab, und halten Sie sich dabei an die Modellvorlage.

Ohr

Karmin, Hell- und Dunkelblau
Im allgemeinen sind die Ohren roter als das übrige Gesicht. Sie besitzen manchmal sogar ein violettstichiges Karmin. Aus diesem Grunde muß man hier sowohl Karmin als auch Blautöne verwenden, um die Form des Ohrs und seine Umgebung anzulegen.

Schläfe

Gelb und Hellgrün
Ich meine diesen gelbgrünen Widerschein des Hutrandes, der über die Schläfe fällt.

Kotelette

Hellblau, Purpur, Dunkelgrün, Siena hell und Dunkelgrün
Ich habe die Farben während meiner Arbeit in dieser Reihenfolge verwendet, um die graue und blaustichige Tonalität zu erhalten.

Lippen

Purpur, Hellblau und Schwarz
Purpur benutzen wir für die gesamten Lippen mit Ausnahme der Reflexe und des Weiß der Unterlippe. Blau und Schwarz gehören auf die Oberlippe; das Schwarz benötigen wir vor allem für die Mundwinkel.

Schatten der Nase

Rot, Hellgrün, Purpur und Dunkelgrün
Halten Sie sich an die Angaben auf der Modellvorlage.

Siena dunkel und Schwarz
Nachdem der Schatten der Nase angelegt ist, können Sie ihn mit Hellblau ausgleichen und abschatten und die Reflexe ausführen.

Nasenlöcher

Hellblau
Sehen Sie sich auf Abbildung 48 den größeren hellblauen Fleck des Wurfschattens unter dem Kinn an. Übertreiben Sie hier jedoch nicht.

Schatten des Mundes und der Unterseite des Kinns

Hellgrün, Dunkelgrün und Rot
Verstärken, harmonisieren und stufen Sie diese Farben ab.

Unterer Teil der Kinnbacken und des Kinns

Dunkelblau, Purpur und Violett
Halten Sie sich an die Modellvorlage, und arbeiten Sie die Farbgebung dieser Stellen anhand meines Beispiels aus.

Hutband und Kleid

---

29. Soweit die Notizen, die ich mir während des zweiten Stadiums des Bildes gemacht habe. Vielleicht stimmt das Ergebnis, zu dem ich bei dieser Reihenfolge gelangt bin, zum Teil oder überhaupt nicht mit dem Ihren überein. Es ist sehr gut möglich, daß Sie diese oder jene Fläche mit größerer oder geringerer Intensität angelegt haben. Dann bleibt Ihnen nichts anderes übrig, als zu retuschieren, die Farbe zu verstärken oder eine bläuliche, purpurne oder gelbe Nuance hinzuzufügen. Vergleichen Sie Ihre Arbeit dabei immer wieder mit Abbildung 48.

30. Damit Sie die Abweichungen Ihrer Arbeit von der Modellvorlage besser erkennen, sollten Sie zumindest einen Tag zwischen diesem Stadium und dem nächsten verstreichen lassen.

Drittes und letztes Stadium: Letzte Retuschen und Abschlußarbeiten

Benutzen Sie alle Farben einschließlich Schwarz.

31. Ich wage zu hoffen, daß Sie aufgrund der bisher geleisteten Arbeit, der vorigen Übung und mit Hilfe der Stichworte, die ich Ihnen nach und nach gegeben habe, in der Lage sind, das Bild ohne weitere ausführliche, ermüdende Hinweise zu beenden. Halten Sie sich also an die Vorlage. Außerdem glaube ich, daß Sie durch die vorigen praktischen Übungen bereits einige Erfahrung erworben haben. Sie sollten nun versuchen, allein weiterzuarbeiten und das Bild zum Abschluß zu bringen. Das ist vielleicht etwas mühsamer, aber Sie ziehen daraus auch größeren Nutzen. Damit dieses persönliche Bemühen zu einem guten Ergebnis führt, will ich Ihnen noch ein paar Ratschläge geben, die Sie berücksichtigen sollten.

32. Man benutzt in dieser Schlußphase im wesentlichen die Fleischfarbe (Rot, Grün und sogar Purpur) als Grundlage für die Herausarbeitung und Verstärkung des Kopfes, des Halses und der Arme. Zur Intensivierung der Schatten und der Anlage von Reflexen benötigen Sie außerdem Hell- und Dunkelblau.

33. Das Haar und die Augen werden mit Dunkelblau und Schwarz verstärkt.

34. Beachten Sie den starken hellblauen Fleck im Mundwinkel.

35. Auf die Stirn und die Schläfe gehören Dunkel- und Hellblau sowie Purpur, um jene violettstichigen Töne mit blauer Dominante zu erzielen. Das gleiche gilt für die Kotelette nahe der Haarsträhne sowie für den Nacken unter dem schwarzen Haarschopf, wo sich eine Art Schleier gebildet hat.

36. Nahe dem Ohr und der Kotelette befindet sich außerdem Grün.

37. Die Ausarbeitung des Auges und insbesondere des Augenlides erfordert Dunkelblau sowie Hell- und Dunkelsiena.

38. Nun noch der Schatten . . .

Und schon ist Ihr Werk fertig!

49

Fünfte Übung

Wie man ein Stilleben nach einem Modell anfertigt

Hier eine hinsichtlich Aufbau und Anlage relativ einfache Übung. Die eigentliche Zeichnung bietet nur geringe Schwierigkeiten, so daß Sie sich voll und ganz auf das Studium und die Handhabung der Farben beim Arbeiten nach der Natur konzentrieren können. Mir geht es dabei um folgendes: Sie sollen ohne Sorge um die Form und ohne sich bei der Suche nach der größtmöglichen Ähnlichkeit zu verausgaben, in Ruhe arbeiten können.

Anhand dieser Übung können Sie beurteilen, wieweit Sie tatsächlich in der Lage sind, zu sehen, die Farben zu erfassen, zu interpretieren und wiederzugeben. Ich rate Ihnen, ganz spontan zu arbeiten und dabei alle Farben einschließlich Weiß zu verwenden. Fangen wir also an. Die Arbeit erwartet uns und damit die Möglichkeit, in jedem Sinne des Wortes zu *malen*.

Allgemeine Hinweise

1. Beachten Sie bei der Auswahl der Elemente, aus denen sich das Modell zusammensetzt, folgendes:

Wählen Sie eine Kognakflasche aus hellem Glas, damit Sie die rötliche Flüssigkeit darin erkennen und malen können.

Die Kaffeetasse und die Untertasse sollten aus weißem Porzellan und von einfacher Form ohne jede Verzierung sein, um die Zeichnung nicht zu verkomplizieren. Auf jeden Fall müssen Sie interpretieren und vereinfachen. Vergleichen Sie die Fotografie des Modells dieser fünften Übung (nächste Seite, Abb. 50) mit der Interpretation auf der Modellvorlage auf den Seiten 64 und 65. Dann begreifen Sie meine Ratschläge besser.

50

Abbildung 50: „Kaffee und Kognak“ könnte der Titel dieses Stillebens lauten, das sich, wie Sie selbst erkennen, aus so einfachen Gegenständen wie einer Flasche und einem Kognakschwenker, einer Kaffeetasse mit Untertasse, einem Kaffeelöffel und drei Schachfiguren zusammensetzt. Das Tischtuch, das als Unterlage dient, ist cremefarben, beinahe gelb. Das Tageslicht fällt durch das Fenster herein. Betrachten Sie das Ergebnis der Arbeit sowohl im Hinblick auf die Farbgebung als auch die Herstellungsart anhand der Modellvorlage auf der nächsten Seite.

Versuchen Sie, rote und weiße oder besser noch gelbe Schachfiguren zu finden, und wählen Sie nach Möglichkeit einen Springer, einen Turm und einen Bauern. Das Tischtuch sollte ungebleicht ocker oder gelb sein. Steht Ihnen ein solches Tischtuch nicht zur Verfügung, wählen Sie ein Stück Stoff, das dem Gelbocker des Ingres-Papiers nahekommt. Auf diese Weise lösen Sie das Problem des gleichförmigen Tons für den Untergrund am leichtesten.

2. Verteilen Sie die Elemente, wie es die Fotografie des Modells auf Abbildung 50 zeigt. Arbeiten Sie nach Möglichkeit bei Tageslicht. Stellen Sie Ihr Modell auf einen Tisch nahe dem Fenster, der gut von der Seite beleuchtet wird. Sie können jedoch ebenfalls bei Kunstlicht mit einer Schreibtischlampe arbeiten.

Aufbau und Anlage

3. Sie sollten mit einem Maßstab ähnlich dem unserer Modellvorlage arbeiten.

4. Ich rate Ihnen, den Aufbau Ihres Bildes zunächst mit einem schwarzen Stift auf einem gesonderten Blatt Papier zu untersuchen. Führen Sie diese Untersuchung mehrmals durch, bevor Sie zum Aufbau und zur Anlage der Zeichnung auf dem endgültigen gelbockerfarbenen Ingres-Papier kommen.

5. Halten Sie sich an die endgültige, einfache aber präzise Anlage, die ich — wie Abbildung 51 zeigt — mit einem hellblauen Stift hergestellt habe.

6. Haben Sie diesen ersten Farbversuch unternommen, vergleichen Sie ihn unbedingt mit dem Ergebnis, das ich auf Abbildung 52 erreicht habe. Ziehen Sie die Modellvorlage zwar immer wieder zu Rate, arbeiten Sie ansonsten jedoch nach der Natur.

51

7. Denken Sie daran, daß Sie die Form durch die Richtung der Strichführung erreichen müssen. Die bereits erwähnte Abbildung 52 und die Modellvorlage bieten dafür eine eindeutige Erklärung. Zeichnen Sie diagonal. An Ihnen ist es letztendlich, die geeigneten Lösungen zu finden.

8. Die benötigten Farben und ihre Reihenfolge:

Flasche

Siena dunkel, Dunkelblau und Rot
Für die Zeichnung, den Aufbau und das Ausmalen der abstrakten Formen, die sich aus den Reflexen, dem Glanz und der Transparenz des Glases ergeben (mit Ausnahme des Glanzes im oberen Teil), benötigen Sie Siena dunkel, Dunkelblau und Rot.

Dunkelgrün
Fügen Sie Dunkelgrün dort hinzu, wo es erforderlich ist, also an jenen Stellen, wo das Modell einen Dunkelgrünstich besitzt.

Weiß
Sie benötigen es für den Glanz des Glases (im oberen Teil der Flasche) und die beleuchtete Stelle des Etiketts. Das Etikett muß mit dem weißen Stift leicht gebogen im waagerechten Sinne unter Abstufung von links nach rechts gezeichnet werden.

Glas

Weiß für die Reflexe des Glases
Erster Schritt: Bestimmen Sie die Reflexe des Glases, und kolorieren Sie sie energisch mit dem weißen Stift. Achten Sie darauf, daß diese weißen Striche nicht auf die anderen Farben, zum Beispiel auf die blauen Aufbaulinien, übergreifen, um Mischungen zu vermeiden. Diese würden zwangsläufig die Reinheit des Weiß zerstören. Muß man ein absolut reines Weiß erhalten, ist es in manchen Fällen erforderlich, die vorigen Farben fortzuradieren.

Dunkelblau
Arbeiten Sie energisch mit diesem Stift. Zeichnen Sie die Schatten, und legen Sie vor allem die dunkelsten Stellen des Glases an. Sparen Sie die Farbe, wo es notwendig ist, aus.

Siena dunkel
Verstärken Sie manche Striche mit Siena dunkel, bis Sie ein dunkles Grau, beinahe ein Schwarz erhalten haben.

Siena hell und Gelb
Benutzen Sie diese Farben für die Umrißlinien des Kognakglases. Beachten Sie, daß sich im oberen Teil vor allem Gelb befindet.

Hellblau, Siena dunkel und Siena hell
Verwenden Sie diese drei Farben, um die Nuance des Kognaks zu erreichen.

Tasse, Untertasse und Kaffeelöffel

Weiß
Befassen Sie sich zunächst mit den auffälligsten Reflexen, und zeichnen Sie sie mit energischen weißen Strichen.

Kaffee in der Tasse

Siena dunkel, Siena hell und Dunkelblau
Beachten Sie beim Zeichnen des Kreises für den Kaffee folgende Details: Berücksichtigen Sie die Reflexe der Flasche auf der Flüssigkeit; legen Sie diese

52

Reflexe in ihrer differenzierten Tonalität an. Bedenken Sie, daß die Farbe des Kaffees am oberen Rand des Kreises heller wird und sich dem hellen Siena nähert. Vergessen Sie nicht, daß die Mischung von Dunkelblau und Siena dunkel ein sehr angenehmes Schwarz ergibt.

Tasse, Untertasse und Kaffeelöffel

Hellblau, Purpur und Siena hell
Legen Sie die drei Elemente zunächst mit dem hellblauen Stift an, und schatten Sie an gewissen Stellen mit Hilfe von Purpur und Siena hell ab, wobei ersteres überwiegt (an der Rundung der Tasse, den dunkleren Stellen des Kaffeelöffels, im Wurfschatten der Tasse auf die Untertasse).

Schatten der Untertasse auf dem Tischtuch

Dunkelblau und Siena dunkel
Zu diesem Zeitpunkt muß Dunkelblau die Dominante bilden. Sparen Sie beim Malen dieses Schattens die Schachfigur (den Turm) aus, deren oberes Drittel sich an der Begrenzung des Schattens befindet.

Schachfiguren

Weiß für die hervorstechendsten Reflexe
Für den Augenblick reichen einige wenige energische Striche.

Turm

Gelb
Zu Beginn eine dünne Schicht Gelb.

Weiß für die beleuchtete Seite
Auf die linke Seite gehören einige leichte weiße Flecken.

Siena hell und Hellblau
Benutzen Sie diese Farbe für die Schatten der Schachfigur. Anschließend:

Dunkelblau für die Rundung
Geben Sie ein wenig Dunkelblau auf die Rundung, doch ohne zu übertreiben, um die Tiefenwirkung zu unterstreichen und die Stelle gleichzeitig etwas zu kolorieren.

Springer und Bauer

Rot
Eine allgemeine Schicht unter Aussparung der Reflexe, um die Formen herauszuarbeiten und hervorzuheben.

Gelb für die am stärksten beleuchteten Stellen

Purpur für die dunkelsten Stellen

Dunkelblau für die Krümmungen
Jeweils um die Form hervorzuheben und den Figuren Volumen zu verleihen.

Hellblau für die Reflexe

Wurfschatten der Schachfiguren

Dunkelblau und Rot
Dunkelblau bildet hier die Dominante.

Zweites Stadium: Allgemeine Verstärkung der Farben durch Kontraste und Volumen

Benutzen Sie alle Farben mit Ausnahme von Schwarz. Drücken Sie jetzt stärker auf.

9. Abbildung 53 zeigt uns das Ergebnis am Ende dieser zweiten Etappe. Wir benutzen hier praktisch dieselben Farben wie im vorigen Stadium, verstärken sie jedoch, um bessere Kontraste zu schaffen und mehr Volumen zu erzeugen.

10. Folgendes habe ich während dieser zweiten Etappe getan:

Flasche

Dunkelblau, Siena dunkel, Rot und Hellblau
Die Farbgebung muß jetzt verstärkt werden. Unsere Sorge gilt dabei besonders der Zeichnung der Form, die sich durch die Reflexe, den Glanz und die Transparenz ergibt.

Beachten Sie in diesem Zusammenhang die Reflexe in der rechten oberen Hälfte der Flasche (siehe Modell), die eine blau- und graustichige und selbst violette Farbe besitzen. Vergessen Sie nicht, daß diese Farben aus einer Mischung von Rot und Hellblau oder Hellblau und Siena hell unter Hinzunahme von Weiß entstanden sind.

Dunkelgrün und Purpur
Mischen Sie diese beiden Farben mit den vorigen. Halten Sie sich dabei an das Modell.

Hellblau und Purpur für das Etikett
Diese Farben gehören als ganz leichte Schicht auf die dunkelste Stelle. Dabei dominiert das Blau.

Glas

Dunkelblau, Siena dunkel, Siena hell und Gelb
Auch hier muß die Farbgebung verstärkt werden. Dazu benutzen wir, wie Abbildung 53 zeigt, dieselben Farben wie während des ersten Stadiums.

Tasse, Untertasse und Kaffeelöffel

Hellblau, Dunkelblau, Purpur und Siena hell
Allgemeine Verstärkung der Farben und Intensivierung der dunkelsten Stellen mit Hilfe von Dunkelblau.

Kaffee in der Tasse

Siena dunkel, Siena hell, Dunkelblau und Gelb
Dieselben Farben wie zuvor; zusätzlich etwas Gelb für den oberen Rand des Kreises.

Schatten der Untertasse und des Kaffeelöffels auf dem Tischtuch

Dunkelblau, Hellblau, Siena dunkel, Siena hell
Allgemeine Intensivierung der Farben.

Schachfiguren

Die Farben des ersten Stadiums
Die allgemeine Farbgebung wird unter Herausarbeitung der Eigenfarbe und der Tonalität jeder einzelnen Figur verstärkt. Für den Springer und den Bauern benötigen Sie dazu vor allem Purpur, Dunkelblau und Hellblau.

Tischtuch

Weiß und Hellblau
Zeichnen Sie mit leichten Strichen die weißen und hellblauen Töne, die sich zu beiden Seiten der Flasche, nahe der Tasse und den Schachfiguren befinden.

53

Drittes und letztes Stadium: Allgemeine Retuschen und Abschlußarbeiten

Benutzen Sie alle Farben einschließlich Schwarz.

11. Meine Ratschläge beschränken sich wie bisher darauf, die Reihenfolge zu nennen, in der Sie jetzt arbeiten müssen. Sie malen also mit denselben Farben wie zuvor, verstärken und intensivieren sie jedoch. Finden Sie selbst heraus, was noch zu tun bleibt. Halten Sie sich dabei in erster Linie an das Modell, und vergleichen Sie Ihre Arbeit von Zeit zu Zeit mit der Reproduktion meiner fertigen Arbeit auf den Seiten 64/65. Beachten Sie jedoch die folgenden Hinweise:

a) Vergessen Sie nicht, jedesmal die gesamte Farbgebung zu intensivieren, nachdem Sie irgendeine Stelle mit dem schwarzen Stift verstärkt haben.
b) Versuchen Sie, die unterschiedlichen Farben und die Nuancen jeder Fläche zu erkennen, zum Beispiel die grünen, gelben und karminfarbigen Flecken auf der Flasche, die hellgrünen, mit Gelb gemischten Striche für den Kognak im Glas, die rötlichen Töne des Kaffees in der Tasse, die winzigen roten Spuren auf der zylindrischen Form des Turms, die grünlichen und goldfarbenen Töne des Kaffeelöffels etc. . . .
c) Zeichnen Sie die Buchstaben auf dem Etikett der Kognakflasche nicht zu deutlich. Begnügen Sie sich mit einer Art undeutlichen Skizze, wie es die Modellvorlage zeigt.
d) Übertreiben Sie nicht den Gebrauch des schwarzen Stiftes zur Begrenzung der Formen. Einige wenige Striche genügen, um sie zu präzisieren, ohne sie zu stark hervorzuheben.
e) Denken Sie daran, daß Sie eine Atmosphäre schaffen müssen und die Umrisse daher nicht zu deutlich hervortreten dürfen. Halten Sie sie im Gegenteil ätherisch, fließend, abgeschwächt.

12. Nach Beendigung Ihrer Arbeit mit den Stiften haben Sie noch die Möglichkeit, einiges durch Kratzen mit einer Rasierklinge etwas aufzuhellen. Ich selbst habe die Rasierklinge zum Beispiel für diese rosa Farbe unten an der Flasche nahe der Tasse und für den hellblauen Reflex auf der Wölbung des Kaffeelöffels benutzt.

13. Lassen Sie schließlich, wie immer, mindestens einen Tag verstreichen, bevor Sie Ihr Werk als beendet betrachten. Es ist beinahe sicher, daß Sie dann noch den einen oder anderen Ton, die eine oder andere Farbe etc. verstärken möchten.

Halten Sie sich bei Ihrer Arbeit an die Modellvorlage auf den Seiten 64/65. Sie entspricht dem Abschluß dieses dritten und letzten Stadiums.

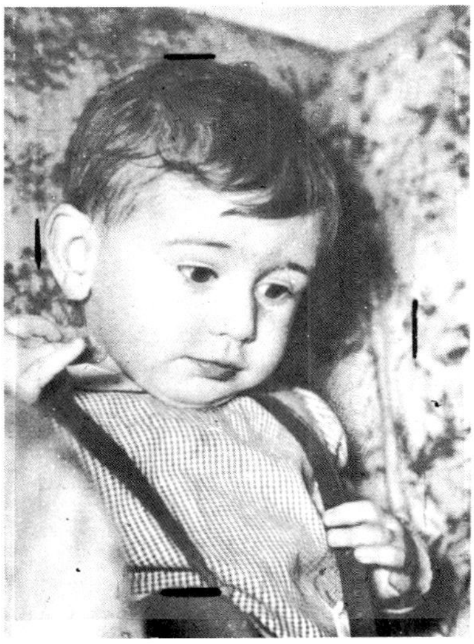

55

Sechste Übung

Wie man mit Hilfe eines Liniengitters ein Porträt nach einer Fotografie herstellt.

Sie sollen jetzt ein Porträt herstellen. Als Vorlage benutzen Sie dafür eine Schwarzweißfotografie. Anschließend kolorieren Sie Ihr Porträt mit Hilfe von Farbstiften.

Diese Übung gibt Ihnen Gelegenheit, die Technik und das Herstellungsverfahren einer solchen Reproduktion nach einem Originalfoto mit Hilfe der Rastermethode, die Sie vielleicht noch nicht perfekt beherrschen, ein für allemal gründlich zu erlernen.

Lassen Sie mich, bevor wir beginnen, noch einige Bemerkungen über die Bedeutung und den Nutzen dieser Übung machen.

Der Künstler bekommt solch einen Auftrag recht häufig

Wir haben alle zu Beginn unserer Karriere irgend jemandem ein selbstgemaltes Porträt geschenkt, ohne daß der Beschenkte auch nur ahnte, daß es nach einer Fotografie hergestellt wurde. Anschließend haben wir dies mit dem Foto eines Freundes oder eines Verwandten wiederholt, bis uns eines Tages jemand aufgrund unserer kleinen Erfolge einen Auftrag gab — vielleicht den ersten unseres Künstlerlebens.

Jeder von uns hat solch eine Arbeit ein- oder mehrmals ausgeführt. Ich selbst erinnere mich an die Porträts von zehn berühmten Musikern, die ich zur Dekoration eines Saals einer Musikgesellschaft malte. Ich erinnere mich auch an das Porträt eines inzwischen verstorbenen Direktors eines bedeutenden Unternehmens, das Gabriel Bougram in Öl anfertigte. Er zeigte es mir eines Tages in seinem Atelier. Ferner weiß ich, daß das Ölgemälde des Präsidenten einer südamerikanischen Republik nach einem einfachen Foto hergestellt wurde.

Verlassen wir das Gebiet der reinen Kunst und beziehen wir den Bereich von Handel und Werbung mit ein, finden wir unzählige Beispiele für Porträts von Politikern, Wissenschaftlern und Schriftstellern, die allesamt mit der Feder nach einer Fotovorlage hergestellt und in Zeitungen und Zeitschriften veröffentlicht wurden. Denken Sie an die große Anzahl der Werbezeichnungen, die nach einer Fotografie angefertigt worden sind, dann erkennen Sie sofort die Bedeutung dieser Arbeit. Sie müssen diese Technik, die eine der häufigsten bei der Ausübung einer künstlerischen Tätigkeit ist, gründlich erlernen und perfekt beherrschen.

Die Berechtigung eines Systems: die Rastermethode

Wenn immer ein Berufskünstler ein Thema, eine Zeichnung oder ein Porträt nach einer gedruckten Vorlage oder einer Fotografie wiedergeben muß, benutzt er die Rastermethode. Das heißt, er überzieht die Vorlage mit Hilfe von

56

Lineal und Winkeldreieck mit einem Gitternetz, das er anschließend auf das Zeichenpapier oder die Leinwand überträgt. Damit vereinfacht er sich den Aufbau und die Anlage seines Werkes erheblich und sichert die größtmögliche Ähnlichkeit (Abb. 56).

Die Rastermethode mag den Schönen Künsten auf den ersten Blick widersprechen. Der Laie, dem Sie Ihr Verfahren erklären, antwortet Ihnen vielleicht (oder er denkt es zumindest): „Das paßt doch gar nicht dazu.“

Die Rastermethode (mit deren Hilfe man vergrößern, verkleinern oder ganz einfach kopieren kann) wird schon seit Urzeiten ohne Skrupel oder Hemmungen angewendet. Sie wurde sogar allgemein bekanntgemacht, damit jeder davon profitieren konnte. Leonardo da Vinci erklärt zum Beispiel in seinem „Traktat über die Malerei“ ausführlich: „Überziehe das Papier, auf dem du zeichnen willst, ganz leicht mit einem Quadratnetz. Die Quadrate müssen um so kleiner sein, je stärker du das Modell verkleinern willst. Lege die Konvergenzpunkte der verschiedenen Teile des Modells genau an die richtige Stelle auf den Linien des Quadratnetzes . . .“

Albrecht Dürer hat das System der Rastermethode ebenfalls beschrieben. Das Verfahren findet sich in den Skizzen und Studien zahlreicher großer Meister wie Rubens, Degas etc. wieder. Sie wandten es an, bevor sie sich mit ihrem endgültigen Werk befaßten (Abb. 57).

Die Verwendung einer Fotografie als zusätzliches Arbeitsmittel für den Künstler wird heutzutage allgemein anerkannt. Es ist also völlig logisch, daß der Künstler nach einer Fotografie zeichnet oder malt und die Rastermethode anwendet, um sich die Arbeit zu erleichtern. Natürlich setzt man voraus, daß der Künstler in der Lage wäre, auch nach Augenmaß — also ohne Raster — zu arbeiten. Es versteht sich von selbst, daß er dies ebenso beherrscht wie seine berühmten Vorgänger, von denen bereits die Rede war. Doch weshalb sollte er seine technischen Kenntnisse nicht anwenden, nachdem sie ihm nun einmal zur Verfügung stehen?

57

Wir wollen die Rastermethode daher ohne irgendwelche Vorurteile erlernen; denn wir wissen, daß es sich hier um einen „Berufstrick“ handelt, den die Künstler zu allen Zeiten und auch heute noch anwenden.

Technik und Ablauf der Herstellung eines Porträts nach der Rastermethode

I. Auswahl der Fotografie

14. Wählen Sie nach Möglichkeit eine Fotografie mit den folgenden Merkmalen:

a) Format zumindest von der Größe eines Paßfotos,
b) Maximum an Einzelheiten in den Gesichtszügen,
c) gut abgegrenzte Schattenzonen,
d) schräger Lichteinfall von etwa 45 Grad.

Zusammenfassend läßt sich sagen, daß jene Fotografie dem Maler die größten künstlerischen Möglichkeiten bietet, deren Format ausreicht, um ihn nicht ständig bei der Berechnung der Maße und Proportionen aufzuhalten. Sie darf nicht zu verschwommen sein und sollte eine normale Beleuchtung ohne harte schwarze Schatten aufweisen, damit die Einzelheiten erhalten bleiben. In diesem Zusammenhang sei noch darauf hingewiesen, daß eine Beleuchtung als ideal betrachtet wird, bei der das Modell beinahe von vorn und aus einem Winkel etwas oberhalb und versetzt angestrahlt wird. Betrachten Sie zu diesem Zweck Abbildung 58 mit den „guten" und „schlechten" Modellen. Natürlich sind meistens nicht alle gewünschten Merkmale auf einem Foto vorhanden. Doch man sollte soviel wie möglich davon vorfinden.

58

Abbildung 58: Links ein Porträt, das sich nicht für eine Reproduktion mit Farbstiften eignet, da die Schattenzonen zu bedeutend sind. Auch das Porträt in der Mitte ist nicht zu empfehlen; das Format des Kopfes ist zu gering, und das Bild wirkt zu verschwommen. Rechts dagegen ein für unsere Arbeit hervorragend geeignetes Foto.

II. Aufrasterung einer Fotografie mit Hilfe eines Films

15. Das Foto, das Sie für Ihre Arbeit gewählt haben, kann auf zweierlei Papier abgezogen worden sein: a) auf mattem Papier und b) auf Hochglanzpapier. Auf mattem Papier läßt sich relativ leicht mit einem schwarzen Stift ein Quadratnetz ziehen. Auf Hochglanzpapier ist dies jedoch praktisch unmöglich. Wie Sie wissen, weisen Hochglanzfotos eine glatte, kristalline Oberfläche auf, über die der Stift hinweggleitet. Versuchen Sie auf diesem Papier zu zeichnen, laufen Sie Gefahr, das Foto zu zerkratzen. Arbeiten Sie dagegen auf mattem Papier, könnten Sie das Foto leicht durch den Graphit Ihres Stiftes zerstören, der das Bild beim Ausradieren des Quadratnetzes nach Beendigung der Arbeit verschmutzt. Diese Risiken zwingen den Fachmann, alle Vorsichtsmaßnahmen zu ergreifen, um das Quadratnetz gefahrlos anlegen zu können. Eine der besten und interessantesten Möglichkeiten besteht darin, das Quadratnetz auf ein Stück Pauspapier zu zeichnen.

16. Das Pauspapier, auch Transparentpapier genannt, ist eine besondere Art von Papier. Es wird hauptsächlich von Werbegrafikern, Architekten oder auch für technische Zeichnungen verwendet. Beide Seiten dieses Papiers haben eine glatte Oberfläche; es ist durchsichtig und hervorragend zum Durchpausen geeignet. Man kann darauf mit Bleistift oder auch mit Chinatusche arbeiten und, falls Bleistift verwendet wird, leicht radieren oder bei Chinatusche die zu korrigierenden Stellen mit der Rasierklinge auskratzen. Pauspapier wird in verschiedenen Qualitäten und Stärken hergestellt. Wenn man mit Chinatusche arbeitet, ist es ratsam, eine stärkere Qualität zu verwenden, denn die Feuchtigkeit der Chinatusche läßt das Papier unter Umständen wellig werden.

17. Stellen Sie jetzt das Quadratnetz für das Foto mit Hilfe des Pauspapiers her, von dem soeben die Rede war, und halten Sie sich dabei an folgende Hinweise.

a) Spitzen Sie einen normalen Bleistift Nr. 2 gut an, damit Sie eine wirklich scharfe Spitze erhalten.

b) Legen Sie das Pauspapier auf die Fotografie. Arbeiten Sie auf der matten Seite, und begrenzen Sie die Umrisse des zu reproduzierenden Fotos mit Bleistiftstrichen (Abb. 59).

c) Lassen Sie die Fotografie nun für einen Augenblick beiseite, und zeichnen Sie zunächst ein absolut perfektes Quadratnetz auf das Pauspapier. Achtung:

Die Seitenlänge pro Quadrat darf allerhöchstens einen Zentimeter betragen. Ist das Foto sehr klein, kann sie auf einen halben Zentimeter verringert werden.

Es ist außerordentlich wichtig, daß das Quadratnetz völlig richtig und präzise gezeichnet wird. Es muß sich also um wirkliche Quadrate handeln. Das erfordert eine minutiöse Arbeit mit Lineal und Winkeldreieck.

Die Linien müssen gut sichtbar sein und so fein wie möglich gezeichnet werden. Achten Sie darauf, daß Ihr Bleistift immer sehr gut gespitzt ist.

Erweist sich Ihr Quadratnetz als unvollkommen oder fehlerhaft oder müssen Sie aus irgendeinem anderen Grund etwas ändern, können Sie die betreffenden Stellen ausradieren und neu gestalten. Wird dabei aber die Oberfläche des Pauspapiers sehr stark verschmutzt sollten Sie nicht versuchen, sie mit einem feuchten Tuch abzureiben, denn durch die Feuchtigkeit würde Ihre Vorlage wellig und unbrauchbar. In diesem Fall müßten Sie Ihre Arbeit von vorn beginnen.

18. Legen Sie den Film mit dem fertigen Quadratnetz nun auf das Foto, und umrahmen Sie den Teil des Bildes, den Sie reproduzieren wollen. Befestigen Sie das Pauspapier anschließend mit zwei transparenten Klebestreifen oben am Foto. Nummerieren Sie die Quadrate der oberen und der seitlichen Reihe durch. Mit Hilfe dieser Ziffern können Sie anschließend beim Zeichnen des Bildes das eine oder andere Quadrat rasch wieder auffinden (Abb. 60).

19. Schließlich können Sie, um sich die Arbeit zu erleichtern, noch einige Diagonalen auf die wichtigsten Stellen des zu reproduzierenden Fotos legen. Auf unserem Beispiel erkennen Sie, daß ich einige Diagonalen eingezogen habe, die mir den Aufbau und die Anlage des Mundes und der Augen vereinfachen sollen.

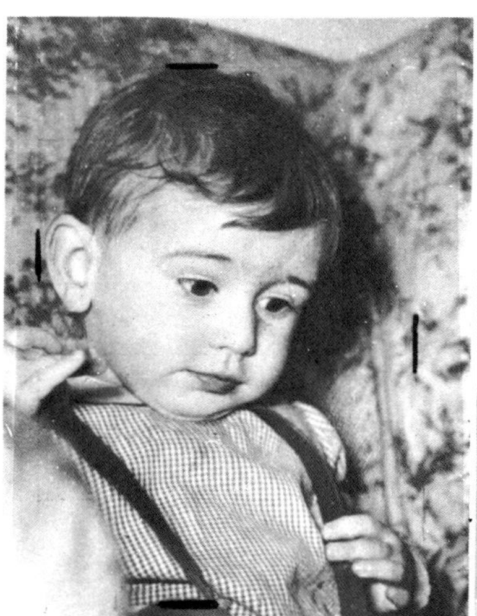

59

60

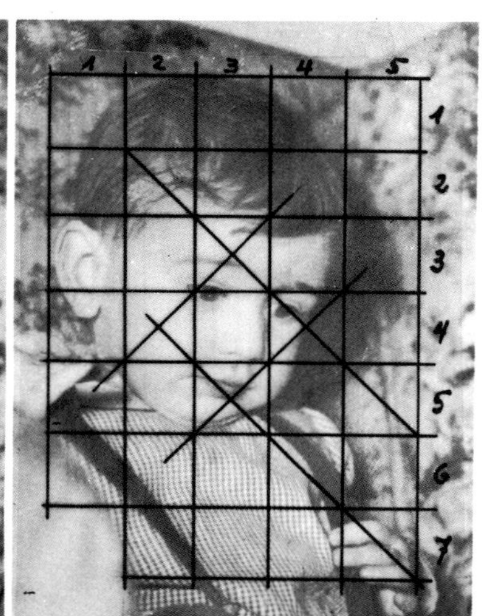

61

Abschnitt Pauspapier

21. In diesem Stadium könnten wir das Quadratnetz schon auf ein Zeichenpapier übertragen, das Bild umrahmen, es linear zeichnen, die Linien des Quadratnetzes wieder ausradieren und schließlich das Bild malen. Dies wäre das übliche Verfahren. Da Sie diese Technik jedoch gerade erst lernen, möchte ich Sie mit allen Möglichkeiten bekanntmachen. Wir wenden hier also ein aufwendigeres Verfahren an, das allerdings auch sicherer ist:

1. Zeichnen Sie das Bild anhand eines Quadratnetzes auf ein Extrablatt.
2. Pausen Sie dieses Bild ohne das Quadratnetz auf ein Transparentpapier durch.
3. Übertragen Sie das Bild des Transparentpapiers auf ein Blatt Zeichenpapier.

Dieses mühselige Verfahren hat folgende Vorteile:

a) Beim Zeichnen des Bildes mit einem Quadratnetz auf einem Extrablatt haben Sie die Möglichkeit, Ihre Arbeit zu verändern, zu radieren und alles neu zu zeichnen, um einen sehr präzisen Aufbau zu erhalten, ohne das endgültige Papier durch Radieren zu beschädigen. Dies wäre beim Arbeiten auf dem Zeichenpapier nicht möglich.
b) Beim Durchpausen des Bildes auf das Transparentpapier erhalten Sie eine Art Negativ, von dem aus Sie die Zeichnung übertragen können. Dadurch wird die Umrahmung auf dem endgültigen Papier genauer.
c) Beim Übertragen des Bildes ohne das Quadratnetz auf das endgültige Papier vermeiden Sie unnötiges Radieren.

III. Aufbau auf einem Extrablatt

22. Nehmen Sie ein Blatt Papier herkömmlicher Qualität, und führen Sie den Aufbau im gewählten Format durch. In unserem Fall handelt es sich bekanntlich um ein mit Farbstiften gemaltes Porträt. Sie müssen den Kopf also etwa 12 bis 15 cm hoch zeichnen.

23. Markieren Sie die gewünschte Höhe des Kopfes — nehmen wir an, es sind 13 cm — auf dem Papier, und teilen Sie diese Höhe in die Anzahl der Karos, die der Kopf auf unserem Foto umfaßt (Abb. 61).

Sie werden feststellen, daß der Kopf in der Höhe fünf Quadrate zählt. Bei einer Höhe der Zeichnung von 13 cm erhalten wir also eine Seitenlänge von 2,6 cm pro Quadrat. Mit Hilfe dieses Maßes können Sie jetzt das vergrößerte Quadratnetz anlegen. Zeichnen Sie anschließend die Diagonalen, die Sie zusätzlich benötigen. Numerieren Sie schließlich die Quadrate, wie zuvor erwähnt, durch (Abb. 62).

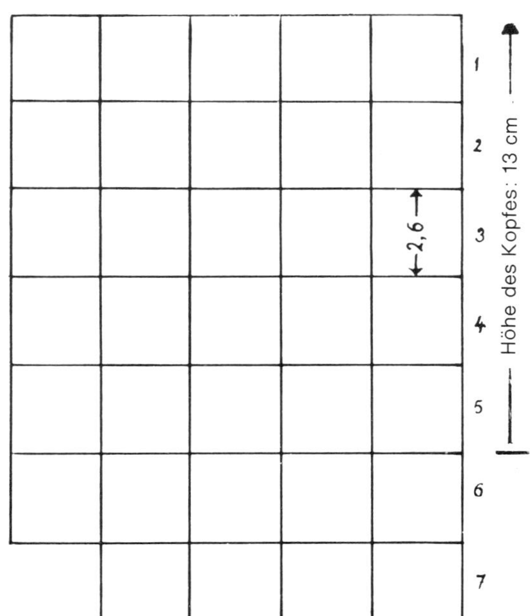

62

Manchmal kommt es vor, daß sich eine Höhe nicht genau in eine bestimmte Anzahl von Quadraten aufteilen läßt. Zum Beispiel: Wollte man unsere Höhe von 13 cm in sechs Quadrate aufteilen, betrüge die Seitenlänge 2,1666 cm. In solch einem Fall sollte man die Höhe leicht verändern und eine Größe ermitteln, deren Teilung eine glatte Ziffer ergibt. Nimmt man 13,2 cm anstatt unserer 13 cm, erhält man nach der Teilung durch sechs eine Seitenlänge von 2,2 cm pro Quadrat.

24. Und dann kommt der Augenblick des eigentlichen Zeichnens des Bildes mit Hilfe des Quadratnetzes. Entdecken wir gemeinsam das ganze Geheimnis. Ich glaube, es springt geradezu ins Auge, daß es viel leichter ist, das Profil einer Nase oder die Umrisse des Mundes im Innern eines Quadrates anzulegen als im Oval des ganzen Gesichtes. Beachten Sie jedoch, daß das Quadratnetz nicht alle Probleme der Maße und Proportionen löst. Man muß trotzdem die Abstände und die genaue Lage der Elemente noch exakt berechnen. Um Sie zu überzeugen, will ich den Beweis dafür antreten.

Die Zeichnung des oberen Umrisses des Kopfes

Beim Zeichnen solcher großen, gebogenen Umrisse, die sich in einer einzigen Linie ausdrücken müssen, rate ich Ihnen, deren Schnittpunkte mit dem Quadratnetz im voraus zu berechnen und zu bestimmen (Abb. 63 A). Markieren Sie diese Stellen mit Hilfe kleiner Striche, deren Neigung Sie der Krümmung, die das Modell aufweist, anpassen. Verbinden Sie die Punkte anschließend miteinander (Abb. 63 B). Zur Bestimmung der Lage dieser kleinen Striche oder Anhaltspunkte gibt es keine andere Möglichkeit, als sie nach Augenmaß zu

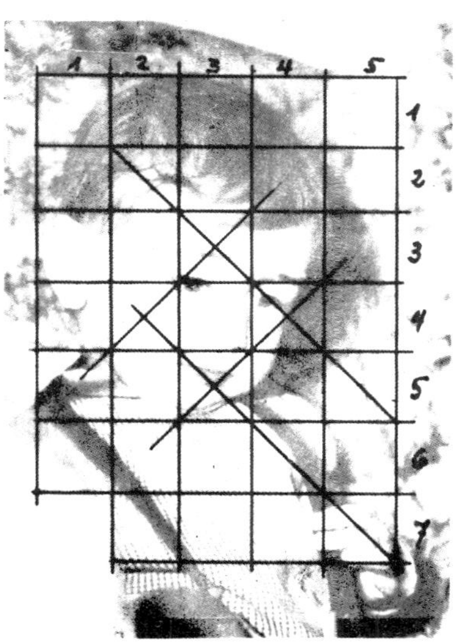

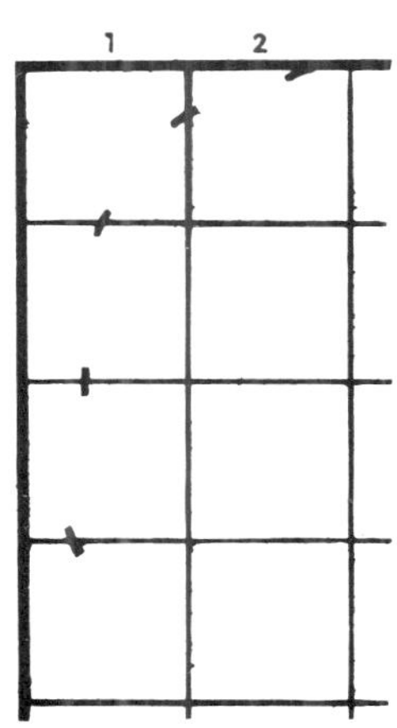

63A

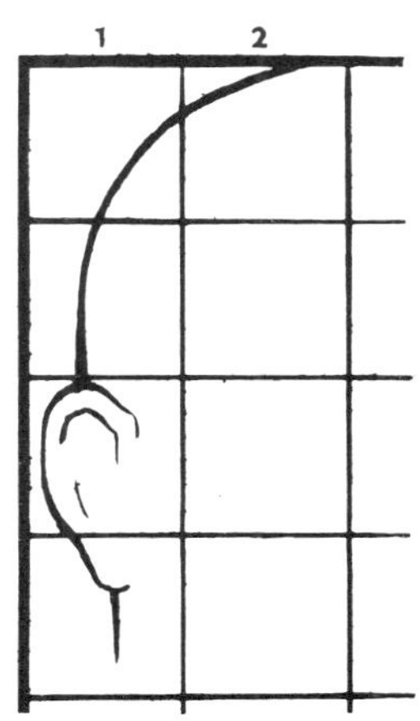

63B

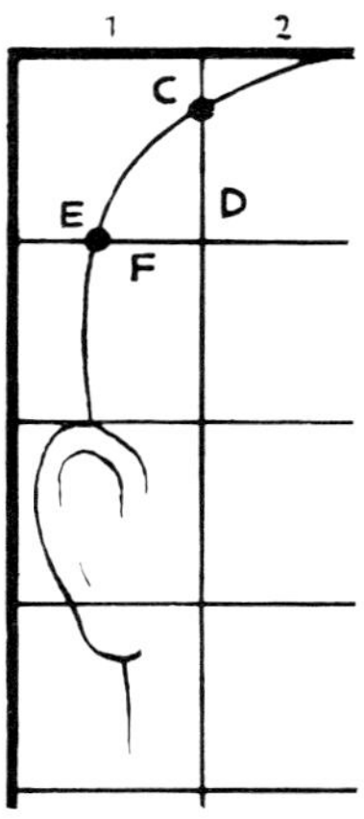

64

berechnen. Dabei stellen wir fest: Punkt C befindet sich auf dem Drittel der Senkrechten D, Punkt E liegt beinahe in der Mitte oder ein wenig weiter nach links auf der Waagerechten F etc. (Abb. 64).

Das Zeichnen eines Auges

Hierbei handelt es sich im wesentlichen um dieselbe Technik wie zuvor. Auch jetzt müssen die Schnittpunkte der Linien des Modells mit dem Quadratnetz ermittelt werden. Dabei vereinfacht und schematisiert man gleichzeitig in Gedanken die Formen (Abb. 65).

25. Abbildung 66 auf der gegenüberliegenden Seite zeigt die vom grafischen Standpunkt beendete Zeichnung. Sie wurde mit Hilfe eines Quadratnetzes hergestellt und sooft angelegt, ausradiert und erneut gezeichnet, wie es notwendig war, um zu einem präzisen, konkreten Aufbau zu gelangen, der beim

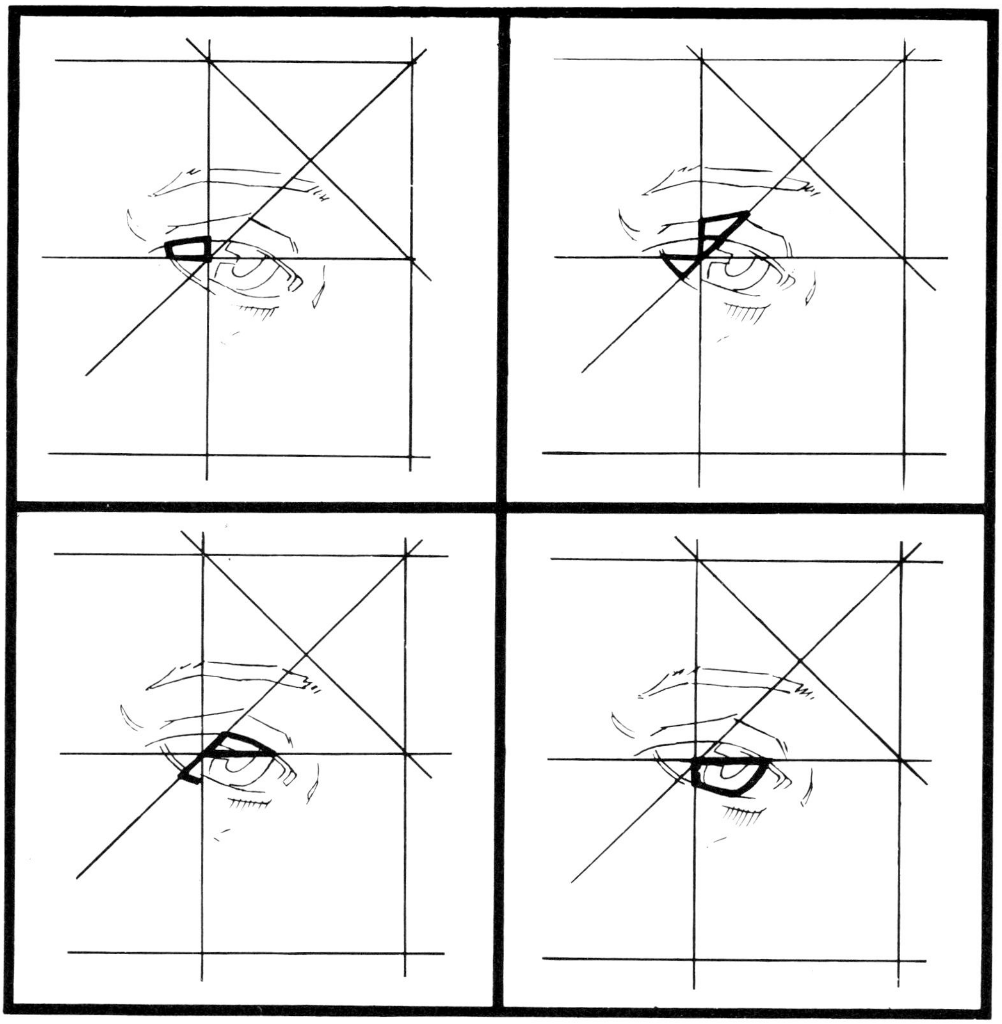

65

Durchpausen auf das Transparentpapier keine Probleme mehr bereitet. Davon können wir uns gleich selbst überzeugen.

26. Beachten Sie, daß bereits in der Zeichnung auf Abbildung 66 eine freiere Interpretation des Modells zu erkennen ist. Sie können feststellen, daß ich aus Gründen der Komposition und der Ästhetik die Hosenträger weggelassen habe, die das Kind auf dem Foto trägt. Ferner habe ich ihm eine Blume in die Hand gegeben, um die Position der Hand, die Geste und den Ausdruck des Modells zu rechtfertigen.

66

IV. Durchpausen des Bildes ohne Quadratnetz auf Transparentpapier

27. Besorgen Sie sich ein Blatt jenes halbtransparenten weißen Papiers, das alle Künstler gern verwenden. Untersuchen Sie dieses Papier näher, stellen Sie fest, daß es zwei unterschiedliche Seiten besitzt: die eine Seite ist ziemlich fein und glatt, die andere ausgesprochen rauh. Legen Sie das Blatt so auf die Zeichnung, daß die glatte Seite nach oben zeigt. Befestigen Sie das Blatt mit zwei oder drei Heftklammern, oder kleben Sie es sorgfältig fest (Abb. 68). Sorgen Sie dafür, daß die Zeichnung gut zu sehen ist. Verstärken Sie die schwächsten Linien, falls nötig, und pausen Sie die Zeichnung anschließend durch.

28. Geben Sie bei diesem Stadium gut acht: Sie müssen eine sehr genau durchgepauste Zeichnung erhalten. Benutzen Sie einen gut angespitzten Bleistift Nr. 2. Halten Sie ihn fest in der Hand, und führen Sie ihn präzise. Pausen Sie alle noch so kleinen Striche mit Ausnahme der Linien des Quadratnetzes durch, das — wie bereits erwähnt — nicht auf der durchgepausten Zeichnung erscheinen darf (Abb. 69).

V. Übertragung der durchgepausten Zeichnung auf das endgültige Cansonpapier

29. Schwärzen Sie zunächst die rauhe Rückseite des Transparentpapiers mit einem Stift Nr. 2 oder 3B. Genauer gesagt: Malen Sie die Rückseite der gezeichneten Form schwarz, wie auf Abbildung 70 zu sehen. Jetzt begreifen Sie gewiß, wie wichtig es war, daß wir auf der glatteren Seite gezeichnet haben. Auf der rauhen Fläche hält der Graphit des Bleistiftes zum Schwärzen natürlich viel besser.

30. Aufgrund des erwähnten Verfahrens steht uns nun eine Art Kohlepapier zur Verfügung, mit dessen Hilfe wir die Zeichnung auf das endgültige Zeichenpapier übertragen können. Nehmen Sie dieses Cansonpapier, und legen Sie es so unter das Transparentpapier, daß die geschwärzte Seite unmittelbar aufliegt. Und dann . . .

31. Noch einen Augenblick bitte! Jetzt ist der Augenblick gekommen, das Transparentpapier immer wieder zu verlegen, die Möglichkeiten für die beste Anlage des Bildes zu untersuchen und den Kopf zu zentrieren oder zu dezentrieren.

32. Noch etwas: Geben Sie auf den Graphit acht. Das Zeichenpapier verschmutzt sehr rasch, falls Sie das Transparentpapier durch Reiben verschieben.

33. Befestigen Sie das Transparentpapier mit zwei oder drei Heftklammern auf dem Cansonpapier. Jetzt können Sie Ihre Zeichnung durchpausen. Aber Achtung:

> Stellen Sie die Pause mit einem normalen, gutgespitzten Bleistift her!
> Arbeiten Sie auf einer festen Unterlage.
> Zeichnen Sie völlig normal, also ohne den Bleistift besonders aufzudrücken.

67

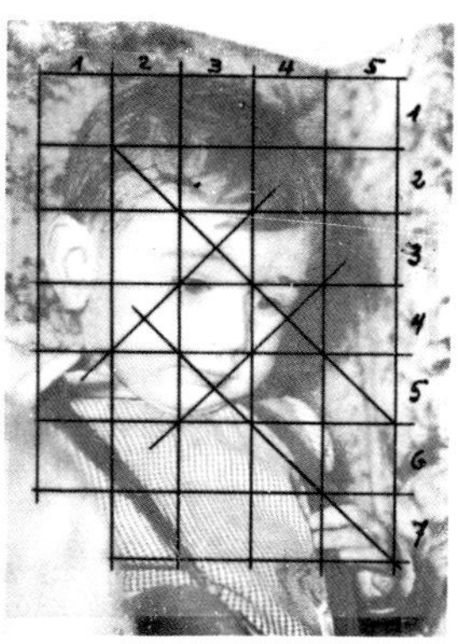

68

Abbildungen 67, 68, 69 und 70. Auf dieser Seite finden Sie die Abbildung 67 (unter dem Transparentpapier), die den auf einem gesonderten Blatt mit Hilfe des Quadratnetzes angefertigten Aufbau der Zeichnung wiedergibt. Abbildung 68 zeigt, wie ich das Transparentpapier auf die vorige Zeichnung geklebt habe. Auf Abbildung 69 ist die bereits auf Transparentpapier durchgepauste Zeichnung zu sehen, und Abbildung 70 ist eine Reproduktion der Arbeit mit Bleistift auf der Rückseite des Transparentpapiers, mit deren Hilfe ich das Bild auf das Cansonpapier übertragen kann.

Wenn Sie diese Ratschläge befolgen, verhindern Sie, daß die Bleistiftmine Rillen in das Cansonpapier drückt. Das ist wichtig, denn solche Rillen können sich beim Malen als sehr störend erweisen.

VI. Letzte Retuschen am Aufbau

34. Nachdem die Zeichnung auf das endgültige Papier übertragen worden ist, können Sie noch Retuschen und Berichtigungen anbringen. Arbeiten Sie dabei direkt nach Ihrer Vorlage, und lassen Sie das Quadratnetz beiseite. Erledigen Sie diese Retuschen mit demselben Bleistift Nr. 2. Arbeiten Sie mit leichten Strichen, damit die Farbgebung der Zeichnung später nicht verfälscht wird. Diesen Punkt wollen wir zum Abschluß behandeln.

Malen des Porträts mit den Farbstiften

35. Ich glaube kaum, daß die bisherigen Ratschläge und die praktischen Übungen, die Sie durchgeführt haben, bereits ausreichen, um Sie allein und ohne jede Hilfe arbeiten zu lassen. Bis zu einem gewissen Grad dürfte das zwar schon möglich sein. Halten Sie sich jedoch immer wieder an die ausführlichen Erläuterungen, die wir Ihnen während der vierten Übung gegeben haben. Ich meine, daß Sie dort anhand meiner Hinweise für die Farben und ihre Reihenfolge zur Anfertigung des Porträts eines Frauenkopfes im Profil eine vollständige Anleitung zur Durchführung dieser letzten Übung vorfinden.

36. Noch ein abschließender Rat: Besorgen Sie sich ein paar gutgedruckte farbige Zeitschriften, in denen die Farbwiedergabe so natürlich wie möglich ausfällt. Suchen Sie darin ein oder mehrere Gesichter, die Ihnen aufgrund ihres Alters, ihres Geschlechtes und nach Möglichkeit auch der körperlichen Merkmale (Farbe des Haares, des Gesichtes im allgemeinen) als Anhaltspunkte zum Auffinden und Mischen Ihrer Farben dienen können. Das tun auch Berufszeichner und Werbegrafiker, wenn sie aus dem Gedächtnis arbeiten müssen. Auch ich handhabe es so. Auf diese Weise erhält man ein gutes Ergebnis.

Ich sehe natürlich ein, daß das nicht einfach ist. Aber Sie müssen sich nun einmal in das Abenteuer stürzen. Selbst wenn es das erste Mal nicht gelingt, gewinnen Sie an Erfahrung dazu.